B2B

营销

品牌策略与运营实战

曾庆虹　朱赛金　张　薇◎著

中国铁道出版社有限公司
CHINA RAILWAY PUBLISHING HOUSE CO., LTD.

图书在版编目（CIP）数据

B2B营销：品牌策略与运营实战／曾庆虹，朱赛金，
张薇著. -- 北京：中国铁道出版社有限公司，2025. 1.
ISBN 978-7-113-31688-4

Ⅰ. F713.365.2

中国国家版本馆 CIP 数据核字第 2024WJ3623 号

书　　名：**B2B营销——品牌策略与运营实战**
B2B YINGXIAO：PINPAI CELÜE YU YUNYING SHIZHAN

作　　者：曾庆虹　朱赛金　张　薇

责任编辑：奚　源　编辑部电话：(010) 51873005　电子邮箱：zzmhj1030@163.com
封面设计：宿　萌
责任校对：苗　丹
责任印制：赵星辰

出版发行：中国铁道出版社有限公司（100054，北京市西城区右安门西街8号）
网　　址：https://www.tdpress.com
印　　刷：三河市宏盛印务有限公司
版　　次：2025年1月第1版　2025年1月第1次印刷
开　　本：710 mm×1 000 mm 1/16　印张：10.5　字数：156千
书　　号：ISBN 978-7-113-31688-4
定　　价：68.00元

前　言

听到"男人的衣柜"，很多人会想起海澜之家这个品牌；提到"怕上火"，很多人会立马接出下一句"喝王老吉"；听到"德芙，纵享丝滑"，很多人的脑海中会浮现一条"巧克力丝带"。这些品牌以多样化的营销手段，使自身形象牢牢扎根在目标客户心中。当然，不仅是 C 端企业需要进行营销，B 端企业更是如此。面对激烈的市场竞争，B2B 企业亟待调整策略，从需求匹配转向影响客户心智。

本书旨在为 B2B 企业提供品牌营销指导，帮助读者了解如何打造和管理一个强大的 B2B 品牌，从而赢得客户青睐、实现商业目标。

本书分为上、中、下三篇。

上篇聚焦 B2B 品牌营销认知，明确 B2B 行业当下的竞争格局，帮助企业明确品牌定位，绘制客户画像，锁定营销的目标受众。

中篇落实 B2B 品牌营销运营策略。数字化时代，线上营销成为主流，B2B 企业需要理清数字化营销思路，构建数字化闭环营销链路，多维度抢占精准流量。同时，B2B 企业的营销模式变得更人性化，这就要求企业重视私域化营销，与客户建立情感连接。此外，作为 B2B 品牌营销的一种重要形式，内容营销的作用不容忽视。企业还需要构建并深化品牌 IP，占据客户心智，让客户对品牌形成长期记忆。

下篇探讨 B2B 企业的组织能力建设，从营销视角切入，通过优化 B2B 营销团队建设与管理体系，提升企业营销力，做好大客户经营工作。本篇还对 B2B 品牌营销全流程进行梳理和总结，帮助企业更加慎重、准确地寻找适合自身的品牌营销路径。

本书内容翔实，辅以大量真实的企业案例，趣味性和专业性兼具。由衷地希望本书能够成为 B2B 企业发展之路上的良师益友，帮助企业实现商业目标，占据更大市场份额，打造一个卓越的品牌。

作　者

2024 年 11 月

目 录

第 5 章　数字化闭环：数字化闭环营销链路

◎上篇

B2B品牌营销深度认知

企业需要深入理解当下的竞争格局，聚焦 B2B 品牌营销认知。B2B 市场竞争激烈，平台型企业凭借技术优势和市场资源占据主导地位，传统企业与新兴创业公司也积极参与其中，形成了多元化的市场竞争格局。在此背景下，企业需要明确自身的品牌定位，绘制客户画像，以锁定营销的目标受众，并通过构建以增长与发展为导向的品牌战略体系，实现快速发展。

第 1 章

竞争加剧，B2B 品牌营销成为战略控制点

由于行业环境与客户需求变化，B2B 领域的竞争格局也发生了重大变化，既给企业带来挑战，也给企业带来新的战略机会点。通过培养品牌营销能力，企业不仅能塑造差异化竞争力，还可以建立长期竞争优势。很多人认为"时势造英雄"，实际上，"英雄"也创造了一个新的时代。

1.1 B2B 行业持续变化

B2B 营销市场变得越发错综复杂，客户的行为随着市场环境的变化而不断变化。B2B 客户群体已经把购买行为转变成一个较为复杂的决策回路，在决策过程中进行多个层面的考量。很多案例都表明，一家企业在采购时往往会有 4~8 名不同职位的人员参与决策评估及决策流程改进。

1.1.1 宏观趋势：客户需求持续变化

在不到百年的时间里，制造业崛起并蓬勃发展，营销模式不断更迭，全球化贸易蓬勃发展，移动互联改变人们的生活方式。互联网、人工智能开启了第四次工业革命，技术创新推动全球化进程，我们已然身处全球创新的时代浪潮之中。

当前的市场环境给 B2B 企业带来了更为严峻的挑战。客户需求越来越复杂，而获取客户需求要素的渠道却更分散。从市场的角度来看，客户需求的变化可以用"卷"字概括。客户需求波动较大，整体需求疲软，导致采购周期延长，客户更关注价格。究其本质，是市场发生了巨大的变化。

为了保证自身在市场上拥有足够的竞争力，客户对 B2B 企业提供的产品与服务会进行更加谨慎、全面的分析。这导致整体决策流程变长、决策节点变多，决策依据的维度更复杂、更多样。B2B 领域的营销流程也随着客户与市场的变化而悄无声息地发生变化，在探索新的营销模式与改进流程的过程中，B2B 企业需要重点考量如何改善客户的购买体验。

大多数情况下，客户在购买前期不会与企业直接互动，这使得整个 B2B 销售周期被进一步拉长。一方面，因为客户需要花更多的时间来评估企业、明确自己的购买需求及动机；另一方面，为了让决策回路可以规避更多的风险，做出更好的决策，B2B 企业不得不延长决策流程，使其更复杂化。

1.1.2　竞争环境：竞争态势持续变化

传统的 B2B 制造业已从快速增长期过渡到成熟期，竞争态势随着行业转型期的到来而持续发生变化。例如，随着全球消费降级、供大于求，传统服装制造行业增速放缓，市场份额有限导致竞争日益激烈。

生产技术的成熟使得产品相对标准化，同质化竞争严重。在技术创新无法深刻影响品质与效率的前提下，客户需求及同行竞争重点转向性价比与服务。B2B 企业转型突破已经成定局。

由于可考虑的合作企业变多，大多数的 B2B 客户需要花费更多时间去分析、判断合作企业的进入门槛。而 B2B 企业在服务、需求理解、可持续发展等方面的能力会对客户的购买决策产生很大的影响。同时，客户越来越容易受到其他客户的影响，在做出购买决策之前会更倾向于接受其他客户的推荐，或者将值得信任的社交媒体平台上客户的评价作为核心参考依据。

以上变化都会影响 B2B 销售和市场营销模式。B2B 营销不仅要聚焦如何精准定位客户群体，还要持续了解目标客户的多样化需求，形成一套洞察客户需求的长效机制。同时，在整个营销过程中，B2B 企业需要激发客户对其产品、服务的好奇与热情，进而影响其购买决策。

差异化的产品与服务，"人无我有、人有我优"的品牌营销定位，对客户需求更全面、更深入的理解与洞察，对客户来说有价值的内容营销方式，基于 B2B 购买旅程的体验化流程设计……通过一系列品牌营销策略，B2B 企业可以助力客户降低决策成本，有效提升决策效率与质量。

1.2　B2B 营销特点

B2B 具有很强的行业属性和互联网属性，因此 B2B 营销明显有别于 B2C 营销，拥有鲜明的特点。在宏观环境日益复杂的背景下，B2B 营销的特点日益凸显。通过对数百家优秀 B2B 企业的营销案例进行研究，我总结了 B2B 营销的六大特点。这些特点本身并无优劣之分，能够为企业提供一个清晰的视角，帮助企业更准确地识别自身的优势，并持续加强这些优势，从而在竞争激烈的市场中脱颖而出。

1.2.1　选赛道垂直化：垂直细分，术业专攻

在 B2B 赛道中，虽然整合供应链的能力是一项不可忽视的优势能力，但这不能帮助企业取得长期优势。从占领先机和建立长期优势的角度来看，赛道垂直化、细分化的企业更容易在一定周期内在市场中占据不可替代的绝对优势。

这一逻辑与 B2C 品牌定位策略如出一辙。垂直品类、细分人群的目的是通过对行业的深度理解及相关市场数据的分析，找到竞争尚未白热化的"蓝海"，而企业拥有能够满足"蓝海"需求的能力、产品或服务。

坚持这样的定位方向利大于弊，但仍然需要 B2B 企业做出战略取舍，并具备一定的定力。既然是没有人"开垦"的领域，那么 B2B 企业必然要度过一段独自"耕耘"的艰苦时期。在过去，企业或许可以通过跟随策略"捡漏"，获取被第一梯队的竞争对手忽视的流量。但在供大于求的市场环境下，企业如果没有能力跻身原有赛道的第一梯队，就要另辟蹊径，在细分领域占据领先地位，在短期内"垄断"细分市场。

当然，细分也需要看是否有市场需求，否则就变成孤芳自赏。从长远

来看，B2B企业需要让自身的核心竞争力成为客户的核心竞争力中不可或缺的一部分。这就需要企业体现其在价值链上"术业专攻"的独特价值，进而增强客户黏性与自身竞争力，形成正向的价值回路。

1.2.2　产品力定制化：需求差异，千人千面

不同行业的市场存在差异性，而且客户对最终应用场景的需求是千人千面的。基于企业的竞争战略定位，客户对产品的需求会发生变化。B2B企业无法像C端企业那样，生产一款受市场欢迎的产品就能满足不同客户的需求。

在B2B领域，如果产品适用于大多数客户，那么客户大概率承担中间商的角色，产品更像是面向C端的"成品"。近年来，很多B2B企业都致力于构建To B、To C双重能力。客户对性价比的追求更加强烈，导致B2B领域的生产商、贸易商的利润空间不断被挤压，"原厂直销"反而有一定的优势，成为企业寻求战略突围的新方向。

回归B2B的本质来看，客户需求越难以满足，越容易帮助企业增强客户黏性，在短期内形成不可替代的优势。例如，世光纺织的海外营销战略落地项目，这是全球首家拥有全球回收标准（global recycle standard，GRS）证书的金银丝供应商，其金银丝达到零重金属、零甲醛的标准，还具备可与其他产品结合的可食用级金银丝。

早在2019年，世光纺织就与国外知名快时尚品牌合作，希望能够推动行业发展，解决行业痛点。基于此，世光纺织不仅获得了客户的认可与尊重，更取得了重大技术突破——将金银丝的重金属含量及甲醛含量降低至0。这一技术突破解决了传统时尚行业的环保痛点，真正生产出健康以及可持续发展的产品，将行业的不可能变为可能。

世光纺织把每位客户的痛点与需求转化为发展动力，以利于行业发展的原则不断进行技术创新。世光纺织不仅与诸多高端品牌客户建立了长期战略合作关系，还在金银丝和金银丝花式纱线等多个优势品类中打造了独特、断层式的竞争力。

近年来，从纱线的应用企划方案、原材料选用、工艺染色技术、环保

可持续的多维度研发投入，到售后服务团队建设，世光纺织形成了基于客户需求的体验性流程闭环，进一步强化核心竞争力。

在注重服务客户与精研产品的同时，世光纺织还关注感性文明建设，以发现美、创造美的探索精神，不断激发产品和团队在人文精神领域的更多可能性。战略优势使世光纺织的产品成为客户战略落地的核心环节，对客户的终端客户有着至关重要的影响，甚至成为他们不可或缺的一项竞争优势。

B2B 领域的核心产品不只是一件真实的物品，更是一种基于客户需求、客户场景、客户价值的产品能力，甚至是一种基于客户需求的定制化整体解决方案。而企业的核心竞争力正源于此，因为产品可以模仿，但基于客户价值的文化驱动力和组织能力是短期内无法复制和超越的。

1.2.3　大订单理性化：感性吸引，理性认知

大多数 C 端产品的营销方式以客户欲望为导向，因为决策回路相对较短且直接。由于决策角色与决策动力单一，因此"短、平、快"是 C 端产品营销的核心要点。而决策动机往往被"贪、嗔、痴、慢、疑"影响。

B 端产品的购买决策则截然不同。它并非简单的个体决策，而是基于组织发展、战略落地、群体利益、长期生存等多维度因素的复杂决策过程。

当然，这不代表 B2B 的订单决策过程是绝对理性的。因为没有一个决策是完全没有风险的，而绝对的理性需要规避一切风险，这在现实中是很难实现的。同时，尽管客户以组织为单位进行决策，但组织的本质依旧是"人"。正因为如此，决策组织化可以帮助客户在一定程度上规避风险，同时又可以创造性地捕捉机会和优势，属于一种相对平衡的决策模式。

决策的瞬间是有流程的集体感性，而整体评估决策的过程是较为理性的。在前期接触或筛选供应商时，客户的需求和目的可能不明显，参与决策的关键角色更容易从潜意识层面接收信息，从而形成特定的印象。因此，B2B 企业在前期吸引客户时，感性因素占据重要地位。同时，大型采购流程通常依赖于理性、复杂且科学的评估，以确保决策有据可依，并有

效降低风险。

1.2.4 营销力专业化：真实专业，靠谱交易

C端营销需要企业"短、平、快"地触达并激发客户的共鸣点，相比之下，B端营销方式更内敛一些。

从获客漏斗的角度来看，B2B行业及其品类较为垂直，营销对象的定位相对明确。从营销能力上来看，相较于水平的多元化能力，B2B企业更需要垂直的专业能力。简单来说，在B2B营销过程中，比起推销者的形象，细分市场的行业专家、产品专家、企业组织能力专家等专业形象更能赢得客户的信任与青睐。毕竟，"巧舌如簧"不如"真刀真枪"。

以专业能力为核心，B2B企业需要不断强化产品和组织的真实性、有效性和可靠性，进而让客户在前期接触过程中产生感性认知，以便后期泛化到整个决策过程。

无论是业务营销专家还是品牌市场专家，都需要把营销流程拉长，特别是扩展到客户购买流程的前端。在客户还不明确自己的购买动机和购买目标时，B2B企业可以把握时机，提前占领客户心智并种下心锚，以形成一种潜意识的固定反射回路，影响客户的决策过程。

客户渴望通过提升品牌和产品竞争力来增强行业地位，因此会仔细审视从获客到交付的全流程，寻找创新化和差异化的方式构建竞争壁垒。在客户尚未明确需求、寻求突破点的阶段，他们更容易接受B2B企业的专业内容、建议和案例说明，这为B2B企业成为客户的长期合作伙伴创造了良好的契机。因此，看似漫长且遥远的道路，实则蕴藏着无限机遇。

1.2.5 决策链复杂化：组织决策，长期共赢

在B2B营销过程中，客户的决策过程会因为市场环境的变化而变化。一般来说，市场成熟、竞争者增加或行业增速放缓，都会导致市场竞争进一步加剧，最终导致B2B客户购买决策复杂化。

B2B客户的规模、发展阶段、管理成熟度也会对购买过程及决策的复杂程度产生关键性的影响。整个决策链始于客户希望达到的购买效果，通

常来说，B2B 客户都希望达到"鱼与熊掌兼得"的效果：既希望购买的产品在技术、品质、服务等方面都趋于完美，又希望价格实惠。

基于这一目标，B2B 客户会精心规划决策流程，确保每一步都紧密围绕其期望效果展开，并竭力规避潜在风险。为此，B2B 客户会增加决策过程中的节点，引入多位决策者，集合所有决策相关者形成一个集中决策的组织，以确保决策的全面性和准确性。此外，他们还会运用多维度的评估标准和多样化的评估依据，以确保选择的合理性。

决策链的复杂程度越高，客户更换合作伙伴的代价越高，除非企业本身具备强大的垄断性竞争力。因此，大多数 B2B 客户更倾向于与经过有效组织决策筛选出的优秀企业建立长期战略合作关系，共同构建强大的组织合力，以形成独特的长期竞争壁垒。

当然，客户也不会停止寻找行业内的优秀 B2B 企业，期望通过良性的竞争关系，占据谈判优势，并借助产品、服务等能力的不断提升，持续强化自身的核心竞争力。

1.2.6　服务力持续化：体验营销，服务闭环

我接触的一位 B2B 营销专家，经常提到两句非常经典的话。

第一句话是：B2B 营销的过程就是服务客户的过程。从接触目标客户群体的那一刻开始，无论采用哪种媒介和形式，提供价值的服务动作就已经自行启动了。

营销端需要把目标客户群体的购买旅程进一步扩展和细化，如果可以向前、向后延伸，让营销与产品设计、交付、售后形成一个完整的链条，加强关键流程节点的体验感设计，就能为获客、转化及复购创造良好的基础条件。

第二句话是：产品本身也是一种服务。这句话很好地解读了以产品为中心的思维和以客户场景为中心的思维之间的差异。当前，B2B 行业正在从卖产品向卖服务转型，核心是以客户为中心。

在物资匮乏的时代，产品本身就是一种稀缺的价值，因为需求庞大，但实际能满足需求的产品不足。在物资丰盛的时代，互联网技术也让信息

闭塞走向信息爆炸。如何使客户更快地筛选出适合自己的产品，兼顾短期与长期利益，助力客户走得更好、更远，成了 B2B 营销的重点。

很多人将"体验"视为以客户为中心的流程设计的重点，认为对关键决策群体的关系维护是唯一的价值点。这是对体验本身较为狭义的认知。

虽然关注关键决策人群的体验及优化相关流程非常重要，但是长久的合作和最终的价值体现需要整个链条的支持，这不是单点可以替代的。单点突破可以扭转营销局面，但无法直指核心。如果 B2B 企业想实现长期共赢，就不能以偏概全，而要从购买方的核心利益出发提供产品与服务。

1.3 B2B 营销的挑战

在 B2B 业务特点及环境不断变化的趋势下，这一行业面临着前所未有的挑战。从价值交换的角度来看，技术革新、信息快速流转都会让价格一再跌破预期。获客渠道更是因为互联网技术而发生了翻天覆地的变化。想要适应这样的变化，B2B 企业就需要变革组织结构与组织能力，通过品牌化策略构建竞争优势，获得客户的好评与信任，并在特定目标客户群体中形成口碑传播效应。

1.3.1 成本定价挑战：同质化竞争下原有优势不再

从人力成本的角度来看，由于整体社会生活环境改善、人工智能普及、一线技术工人青黄不接，导致生产成本进一步提升，传统低端制造类产品订单流向东南亚、非洲等地区。但供应链整合优势仍是 B2B 制造业的核心竞争力。

由于国内外制造业间的同质化竞争日趋激烈，原本单一的优势面临挑战。对 B2B 企业来说，原有的客户体量下降，而客户又希望在价格上有所让步。同时，以往的价值点难以吸引和转化新客户。

凡是成功破局且实现逆势增长的企业，都不是制定当下如何应对的策略，而是在很多年前就提前做出战略规划。有的企业选择坚守原有的战略定位，形成自己独特的优势。它们通常会选择相对高端的品类，为客户提供更高品质的产品与服务，并通过整合前端原材料供应链，使产品具备差异化优势且价格适中。这种能力不是短期内形成的，而是在长期竞争中通过前瞻性预判行业形势和提前布局而逐渐积累的。

原有的优势会在竞争格局快速变化时失去竞争力，而差异化竞争力的构建需要长期积累。基于对市场环境的预测、对客户需求的深度分析、对竞争对手的深入洞察以及对自身差异化优势的清晰认知，B2B 企业可以形成面向未来竞争的优势，并提前布局。这是 B2B 企业在未来竞争中保持领先地位的关键所在。

1.3.2　渠道变化挑战：互联网技术迭代使体验升级

早期的 B2B 营销活动以展会为主，通过面对面详细沟通，客户可以获得较为全面的信息。在求大于供的背景下，无论是展会还是上门拜访，企业都可以为客户提供相对真实、全面的信息，以便快速交易。然而，在当今时代，见面的成本相对较高，特别是客户和营销人员的时间成本较高，在缺乏信任的情况下，想见到关键决策群体是非常困难的。

互联网技术的发展，让信息得以快速传播。互联网营销的平台属性、独特形式能够实现信息快速、准确传递，以达到快速连接供求双方的目的。相较于面对面的营销方式，搜索模式以单点内容实现广泛的信息传递，大幅提升营销效率。此方法到现在仍然适用，但在短期内效果不明显。

随着社交媒体的兴起，受众注意力被进一步分散。而市场竞争加剧，让信息变得更为纷繁复杂。搜索模式的核心是通过信息的快速传递来连接供求双方，竞争对手一旦增多，即便是在相对垂直的 B2B 领域，也不可避免地出现信息过载的情况。

面对搜索得到的海量信息，客户会面临筛选困难的问题，经过对比，客户更倾向于选择性价比高的产品或服务，甚至暂时忽略产品或服务的核心价值。为了让自己成为客户的最终选择，越来越多的 B2B 企业寻求占据核心关键词排名的靠前位置。对于追求组织利益和竞争优势的客户来说，

B2B 企业排名的专业性逐渐降低，客户对企业的信任度也在降低。

基于此，社交媒体类营销平台应运而生。其主要是通过发布真实、专业、有价值的内容，实现面向定向群体的裂变传播，助力平台用户实现可靠的推荐或信任筛选。此类平台以优质内容为载体，如果企业可以在客户未明确自己的购买需求时触达客户，就能达到影响甚至创造客户需求、提升客户信任度的目的。

当然，要充分发挥营销的最大效能，多渠道布局、多平台专业化的深度运营必不可少，并且要针对企业的差异化特点明确运营定位。

有需求时找得到——搜索布局，没需求时可创造——社交媒体运营。线上交互建立信任关系，线下见面则重在转化，全域布局为企业带来更多商机。

1.3.3　人才组织挑战：流程化组织助品牌营销突围

行业竞争格局以及渠道的变化，导致 B2B 行业从营销到交付的全流程发生翻天覆地的变化。

在过去，B2B 营销端口价值最大、人数最多的岗位通常是业务员。他们不仅开发、维系客户，并且连接前后端，包括供应链端口，影响并实现最终交付。优秀的业务员几乎可以贯穿价值创造的全流程，是企业的宝贵资产——不好替代、不好培养、留不住。甚至很多企业的负责人都是在业务员岗位上取得成绩后，才转型成为创业者的。那个时代是充满个人英雄主义的时代，一个优秀的员工足以撑起一家企业的短期发展。

如今，仅仅是前端吸引目标客户注意的环节就出现了复杂的渠道分布，不同渠道的定位、偏好、操盘方法都不同，不专业的做法对有效引流、打开营销漏斗毫无裨益，甚至会导致企业失去先机。因为同一客户群体的心智模式一旦形成，短期内很难改变，所以很多组织裂变出运营岗，甚至设立专门的 B2B 品牌市场部。业务流程的改变决定了组织结构的变化，多岗位、多职能的组织是大势所趋。

另外，客户决策回路变得更加复杂，决策组织呈现出多角色的特点，以降低决策风险，实现组织利益最大化。客户的决策机制以组织为基础，与之相对应，B2B 企业的能力也是以组织的形式呈现的。

在这个时代，任何个体都难以抵挡时代变迁的洪流，而一个充满活力的组织却能更好地顺应时代变化。因此，B2B 企业需要在组织层面培养能力，这样交付才有保障、能持续，甚至不断迭代，从而增强抗风险能力。

1.3.4　品牌变革挑战：品牌化策略促线索精准转化

在 B2B 领域，大多数企业对品牌的概念是比较陌生的，甚至有一定的困惑，认为品牌化更适合 C 端的企业。

如果 B2B 客户在考虑购买时，可选择的企业合作清单中有 100 家企业，那么客户往往无法对这 100 家企业都进行全面、深度的了解和调查。因为时间成本很高，决策周期过长会影响其战略竞争力构建的速度，因小失大。

通常的做法是，通过几个维度进行交叉对比式筛选，用快速且相对靠谱的方式先筛选出 10 家合适的企业，再进行深度的沟通、对比、论证，确定最终进入采购比价环节的合作者。那么，有没有一种办法能让企业跳过交叉对比筛选这一环节，直接成为 10 家候选企业之一呢？答案就是进行品牌化建设。通过前置化的心智模式影响，品牌化建设可以帮助企业提前进入客户筛选范围内，达到先入为主的效果。

与 C 端的品牌化策略有所不同，B 端的影响人群和影响决策的要素不同，因此品牌定位及品牌化策略有很大不同，直接照搬照抄对最终的营销效果毫无助益。企业需要通过有效的渠道与平台，识别购买方的关键决策群体，植入真实、专业、靠谱、值得信任的感性标签。因为潜意识的印象是最为深刻的，也最容易被回想起来。

需要注意的是，真实、专业、靠谱、值得信任等标签不仅需要体现在产品能力上，更需要体现在组织能力及企业关键岗位上，给客户留下从关键个体到企业组织都是值得信任的深刻印象。产品是由人和组织创造的，单纯的产品具有可替代性，但动态的智慧和专业的态度很难被替代。

1.4   B2B品牌营销的价值

B2B品牌营销的价值在于推动营销方式与效果实现自我迭代与升级。B2B营销重视战略规划与定位，考虑长期的发展与布局，使品牌营销从简单的需求匹配转变为心智抢夺。在人才策略上，B2B营销强调从个人英雄主义转变为企业组织能力构建，助力企业在竞争中拔得头筹。

1.4.1   品牌营销战略：从需求匹配到心智抢夺

提到B2B领域的价值创造过程，相信很多人和我有一样的感受——只要客户的需求与我们可以提供的供应链能力相匹配，生意就能做成。很多B2B营销负责人的营销逻辑是一道"连线题"——如何快速识别合适的客户群体，将其与自身的产品供应能力匹配。当纯贸易类型公司拥有很多客户时，它们就可以按照不同的需求将客户匹配给不同的生产商，起到中间商的作用。

做"连线题"的前提是，供求关系相对简单，需求清晰明了，不需要重复确认，更不会出现定制化、个性化的需求。这样竞争对手快速复制的成本会降低，一个品类"大爆"后，会有众多跟随者加入，"蓝海"会快速变成"红海"。

即使是可以应对复杂需求且有竞争壁垒的B2B企业，也有"酒香也怕巷子深"的忧虑。在客户的采购周期内，企业会定向、精准、点对点地接触并影响客户的关键决策人群。简单的匹配很容易让商机变成"伤"机，匹配逻辑下的强营销攻势，会导致客户不自觉地做出防御与审视的姿态。

在同质化竞争严重的B2B市场中，提前进行针对性的布局，提升专业影响力，让目标客户群体在产生需求之前就成为企业的忠实粉丝，能够使后期精准转化事半功倍。

企业可以通过品牌化策略和内容营销模式搭建一条精准触达客户、与客户建立联系、使客户产生信任、了解客户需求的通道，进而实现同心圆式的传播与裂变，不断提高转化率。从需求匹配到价值创造，B2B 企业需要通过心智抢夺让自己为客户所提供的价值前置化，强化客户对自己信任与认可，实现水到渠成的交易。

1.4.2　企业组织变化：从个人英雄到团队作战

在战略层面，企业不仅要考虑"碗"里的，还要考虑"锅"里的和"田"里的。B2B 品牌战略的意义是，在兼顾当下生存的同时，布局未来的精准流量，还要一步到位，考虑客户转化的比例。单一职能的业务员很难贯穿整个营销流程，也难以完成所有的战略布局与战略目标。

上面提及的几大挑战导致 B2B 营销的过程更复杂、更细化，企业需要考虑客户在认知、吸引、转化、交付等关键阶段的体验需求。

在某些需要搭建全新流程的板块，企业很难再依赖传统的"非正式"团队来完成专业任务。例如，销售专家虽然擅长与客户沟通和订单交付，但未必能胜任营销获客渠道搭建工作；产品经理虽专注于产品研发和交付，却未必能制定出以品牌定位为核心的内容营销策略。无法形成互补、有效监督、纠偏的自运转组织，其单一结构一旦出现问题，组织能力会全面"垮塌"。

一个"英雄"可以帮助组织全力攻下一个关键的"山头"，但这不代表全面胜利。正所谓"三个臭皮匠，顶个诸葛亮"，而太多企业渴望依赖一个"诸葛亮"来推动组织甚至整个企业的变革。

企业应认识到，一个高手的能力和影响力是有限的，也是会被掏空的。而组织能力可以使企业实现自主运转，组织是具有自我迭代能力和进化属性的生命体。很多 B2B 企业追求的是多个"诸葛亮"的高效协同，各自发挥专长，共同助力企业赢得全面胜利，以构建企业竞争的"护城河"，实现持续、稳定的突破与增长。

第 2 章

品牌定位：B2B 企业战略管理的基础

《孙子兵法》中有一句话："谋定而后动，知止而有得。"意思是在做事情时，要先规划再行动，明确目的才能有所收获。艾·里斯与杰克·特劳特合著的《定位》一书让众多 C 端企业看到了品牌定位在商战中的核心价值，但是鲜少有人把品牌定位的底层逻辑、方式方法与 B2B 的业务形态进行结合。其实，无论是 B2C 还是 B2B 模式，通过定位将品牌植入心智的过程，都是企业进行长期战略布局的基础。

2.1 定位基础：做好市场洞察，回归客户价值

"知己知彼，百战不殆。"市场调查是 B2B 企业进行品牌定位的基础，为后续营销工作提供方向指引。本小节将介绍两种市场调查方法，分别是四情分析法和 SWOT 分析法，帮助 B2B 企业做好市场洞察，为品牌定位奠定基础。

2.1.1 四情分析法：行情＋"敌情"＋我情＋客情

四情分析法即 B2B 企业通过对行情（市场）、"敌情"（竞争对手）、我情（资源禀赋）、客情（消费者）的分析，从四个角度评估所处环境与自身优势。

1. 行情

行情是对企业所处行业的分析，包含以下两部分内容：

（1）行业基础信息，包括市场容量（价值、规模、发展趋势）、市场

格局（从企业品牌、区域分布、销售渠道、市场层级等维度评估行业竞争与集中情况）以及市场细分（可按价格档次细分，明确每个细分市场的代表性品牌及发展趋势）。

（2）行业趋势信息。B2B 企业可运用 PEST 分析法，从政治（politics）、经济（economy）、社会（society）、技术（technology）四个维度分析行业演进历史以及关键消费指标的变化，如人均消费量、保有量等。

2. "敌情"

"敌情"即对同行业竞争者进行分析。分析"敌情"需要从竞争者本身出发，分析其产业链结构（主要是上下游企业之间的利益关系）和内部组织架构，从而明确其优劣势。在此基础上再分析它的营销战略、营销模式。

3. 我情

我情是企业对自己进行分析，包含以下四部分内容：

（1）生意分析，包括销售情况（既要分析整体销售业绩，又要从产品的价格、品类、销售渠道、销售区域等多个维度进行分析），财务状况，市场表现（包含终端的趋势数据）等。市场表现数据需要 B2B 企业进行长期积累，这就要求企业养成良好的数据存储习惯，规范数据存储流程。

（2）战略分析，包括战略目标（企业发展的总体规划）、市场选择（产品销售的渠道和区域）以及运营模式。

（3）品牌分析，包括品牌资产、品牌管理能力以及品牌内部认知（通过内部访谈了解员工对企业品牌与文化的认知程度）。

（4）潜力分析，主要通过内部访谈，结合前三部分内容分析企业的核心优势以及在产品、营销、品牌等层面的机会。

4. 客情

客情是对客户进行分析，包含以下四部分内容：

（1）客户认知，即客户对企业的认知度和忠诚度。

（2）客户需求，即站在客户角度提炼产品或服务的功能，并挖掘客户还未被满足的需求，分析其需求潜力。

（3）客户特征，即通过绘制客户画像，明确其基本信息、使用/购买习惯、心理特征、兴趣爱好、价值观等。

（4）品牌评价，即企业的产品、服务、营销活动对客户产生的影响、客户的评价等。

以上是四情分析法的主要内容，B2B企业可以通过行业环境、竞争对手、企业内部和客户四个视角洞悉市场环境，从而明确品牌定位。

2.1.2 SWOT分析法：分析自身优势与宏观环境

SWOT分析法即从优势（strength）、劣势（weakness）、机会（opportunity）、威胁（threat）四个角度分析B2B企业。

1. 优势

企业优势分为两部分：

（1）有形资产优势。企业拥有充足的资金能够支撑前期投入，拥有房产或实体企业。

（2）无形资产优势。企业员工的工作能力、管理水平能给企业发展带来积极影响；创始人对行业有清晰、透彻的了解，在行业内有良好的资源；团队核心成员在技术研发、运营、策划等方面有优势等。

2. 劣势

企业的劣势通常来自三方面：

（1）行业大环境。行业逐渐恶化，存在洗牌或垄断的风险；细分市场的规模太小，没有支撑企业盈利的客户。

（2）竞争企业。主要体现在竞争企业经验丰富，在资金、团队和市场占有率上都超越自己。

（3）企业自身。企业本身是否存在资金周转困难、管理水平低下、内部矛盾突出等问题。

3. 机会

企业要从内部、外部两个方面寻找发展机会：

（1）外部的行业机会。行业是朝阳行业，如环保、绿色能源等行业，未来可能会有一大批企业和终端用户进入，扩大细分市场规模。

（2）企业内部机会。企业是否具备充裕的资金引进人才、加大市场推广力度；创始人及核心团队是否具备创新意识，能够深耕某一领域以实现差异化竞争。

4. 威胁

企业的威胁与劣势息息相关，主要来自行业大环境和竞争企业。除了关注行业大环境是否有衰退的趋势外，B2B 企业还要关注是否会出现更强劲的跨行业竞争对手，提前做好准备，以随时调整发展方向。

以上是 SWOT 分析法的主要内容，本质上是对企业自身优劣势与行业环境的分析，可以帮助企业及时发现问题，防范外部威胁，实现平稳发展。

2.2　定位方法：优先专业差异化策略，寻求信任背书

品牌营销定位决定了 B2B 企业的营销目标、营销策略、营销渠道、内容载体以及内容形式等。由于 B2B 具有垂直细分的属性，为了体现出基于细分市场的垂直专业的能力，并与竞争对手拉开差距，B2B 企业会优先选择专业、差异化的策略，进而更有效地实现战略上的避实击虚，达到声东击西的效果。

2.2.1　避开竞争对手优势，利用专业差异化确立品牌优势

从竞争角度来看，B2B 企业要让自己立于不败之地，需要长期关注五个问题：对供应商是否有讨价还价的能力；客户群体是否有讨价还价的能力；新进入的竞争者是否会给自己的优势地位带来威胁；行业里是否有替代品对现有优势产品产生威胁；行业内现有竞争者的竞争态势如何。

品牌战略与企业整体战略相似，都是做选择——选择做什么和不做什么。《孙子兵法》中提到"不战而屈人之兵，善之善者也"，这一思想同样适用于品牌战略制定。在品牌建设中，企业不仅要考虑如何在市场中取得优势，更要思考如何以最小的代价赢得消费者的信任和忠诚。

在国际贸易中，很多 B2B 企业在前期具有一定的成本和价格优势。如果要坚持自身定位且立于不败之地，企业要把基础的成本优势变成总成本领先的优势。

能够做到这一点的 B2B 企业往往在前期具备较高的市场份额，在原材料供应上优势明显，甚至兼容了前端原材料生产的优势，让核心原材料的供应能力成为产品品质、利润的保障之一。如果企业已在阶段性竞争中占据绝对优势，想要进一步巩固自己的地位，那么总成本领先的战略定位是不二选择。

在企业没有形成全面压倒性优势时，专业、差异化的定位是一种实用、能够"不战而胜"的品牌战略定位。其特点在于，企业瞄准特定市场和客户群体，满足其差异化需求，凭借自己独特的专业能力服务细分领域的客户群体，凸显差异化优势，形成不可替代的竞争力。企业的专业能力也包含在垂直领域中保持成本领先的能力。

虽然没有办法快速获得全面胜利，但是企业可以通过局部的优势在细分领域获得胜利，甚至在后期通过多个局部优势"包抄"整个市场。

2.2.2　寻找靠谱"证据"，用品牌营销策略构建信任关系

有能力以总成本领先为品牌定位的企业通常规模很大，在品牌营销策略上容易掉进"自娱自乐"的陷阱中，甚至不断向目标受众强调其成本优势。然而，这样的企业没有与客户共同建立清晰的愿景，客户无法共情。这无形中提高了客户的期望值，反倒不利于企业与客户之间构建信任关系。

品牌营销策略的核心是创造有意义且与品牌相关的"故事"，以建立信任、引发共鸣。因此，企业应围绕关键信息与"证据"构建品牌营销策略。例如，基于总成本领先的品牌定位，企业应该强调供应链全链路的整合能力、流程的不断改进、创新能力构建的过程等，而不是仅强调成本优势。

专业、差异化的品牌定位需要真实、可靠的"证据"或素材，让客户快速理解并信任企业的专业能力，从而提升客户转化率。以下四个方面都

可以作为"证据"体现企业的可靠性和专业性。

（1）权威认证。符合行业及市场的要求是最基本的，如果企业可以获得权威认证，可信度就更高。符合标准是 60 分，超越标准是 80 分，制定或参与制定标准是 100 分。

（2）生产制造独具特色。原材料的高品质、核心部件的创新、生产工艺的独特性、产品背后的独特技术、产品设计上的创新优势、基于可持续或环保理念等，能体现企业的专业性和独特性。

（3）专业合作伙伴。战略供应商的实力、当地政府的支持、优质行业协会的认可、与同行业企业合作与交流等，都能够体现 B2B 企业的专业性和权威性。合作伙伴具有专业性，有助于 B2B 企业巩固自身竞争优势，在市场中赢得更多信任与尊重。

（4）权威客户验证。B2B 领域的客户案例是企业品牌营销策略的重要组成部分，其描述重点与 C 端营销有着很大的区别。在 B2B 领域，企业提供的并非一种产品，而是满足甚至超越客户需求的整体能力，包括但不限于产品能力、服务体验、战略合作、细分领域市场需求的洞察、解决方案的匹配能力等。

基于上述四种"证据"，B2B 企业能够巩固自身专业、差异化的品牌定位，与客户建立信任关系，提升客户转化率。

2.3 定位实践：摒弃跟随策略，聚焦客户痛点

在 B2B 营销领域，企业在竞争初期往往使用跟随策略。因为市场机会很多，快速跟随入局可以抢得一杯羹。而且，在跟随策略下，企业只需要研究最大的竞争对手并模仿其做法，就可以实现战略领先。但是，随着竞争进入白热化阶段，单纯的跟随与模仿反而会降低客户的信任度，无法体现企业自身的专业、差异化实力。

2.3.1 科技板块："出海"破局，品牌驱动客户体验闭环

在 B2B 领域，科技类产品"出海"以自有产品、核心技术、自有品牌

等形式为主，即便前期依赖于原始设备制造商（original equipment manu-facturer，OEM）、原始设计制造商（original design manufacturer，ODM）等模式，后期也会转变为以自有品牌"出海"。

以品牌"出海"为核心的B2B营销，客户关系与传统外贸模式下的客户关系有着巨大的差异，这是由其业务模式所决定的。从资源整合的角度上来说，在海外直接设置分公司开展核心业务的风险较大，因此，很多企业选择以代理商模式进行海外品牌的营销拓展。

在这样的背景下，适合作为代理商的人就是B2B企业的客户。B2B营销的核心从单纯的产品买卖关系变成代理商与品牌商之间的战略合作关系。如何识别、吸引、建立联系、产生信任、描绘愿景、认证品牌实力、认可组织能力等成为品牌营销的关键。如何抓住核心需求，营造志同道合的氛围是品牌传播的要点。

要寻找可靠的代理商，企业可以从竞争对手的代理商中筛选出合适的对象，毕竟其能力、资源、成效等均不需要评估。大多数企业都不是行业代理商模式的开拓者，而是后进入市场的竞争者。因此，最大的挑战在于如何影响已代理其他同类产品的代理商，使其愿意尝试并接受自己的品牌及产品。

企业可以通过识别代理商的痛点构建自身代理商体系的差异化优势，并将其转化为可靠的"证据"，以吸引目标客户群体，使其对企业产生好奇心及信任感。

例如，大多数企业通过模仿竞争对手的营销方式，抢夺目标客户群体的心智。尽管这种策略可以带来一定的流量，但是对目标客户群体的转化作用不大。某监控企业通过实地走访、调研、分析竞争对手等方式，分析目标客户群体在代理模式下评估企业的五大维度。

（1）企业对本地市场的理解能力，能否提供在本地市场有一定优势的产品或解决方案。

（2）企业对本地市场的品牌宣传投入与代理商之间的配合模式。

（3）企业对代理商提供的本地化服务与政策。

（4）企业对代理商群体的重视程度及支持程度，能否定期了解他们的反馈，并且在产品、服务等方面进行改进。

（5）企业实力，包含战略发展、核心人才能力、知识管理等软性实力。

针对以上评估维度，企业做好品牌故事传播，深度连接代理商，能够在较短时间内吸引目标客户群体，使其对品牌产生信任，提高客户产生合作洽谈意向的可能性。

2.3.2　C&D 服饰：品牌价值观夯实总成本领先定位

作为一家 1998 年成立于杭州的老牌 B2B 服装制造企业，C&D 服饰经历了市场环境的高低起伏，看清市场局势，提前进行战略布局，不断夯实自己的竞争优势。

在国际市场上，中国服装企业仍以 OEM、ODM 为主流业务模式，对 B2B 服装制造企业的需求是整体服务能力、原材料整合供应能力、品质管控能力以及基于以上需求的极致性价比。

作为劳动密集型产业，纺织服装业一直在不断寻求劳动力、土地、资本等生产要素的"价格洼地"。全球纺织服装加工产业已经从欧美国家转移到日本、韩国、中国等国家。服装产业也进一步转移至东南亚、非洲等要素成本更低的地区。

早在 2018 年，C&D 服饰就在战略上做出大胆的决策，决定用几年的时间在卢旺达复制国内的高标准服装供应链能力。

值得一提的是，之所以提前布局卢旺达工厂，不仅是因为非洲是制造业的"热土"，更是因为"一带一路"的指引。而企业追求的不仅是利润，更希望在一个地方长期扎根，为当地带来技术，提高当地人民的生活水平，能够通过出口带来更多的外汇收入。

经过几年的发展，C&D 服饰从一家工厂扩展到五家综合工厂，拥有 5 500 多名工人，预计 2026 年可为非洲当地创造 7 500 个就业机会。

作为 B2B 企业，C&D 服饰不仅明确自身的发展战略，更重视承担社会责任，从提高收入到促进区域发展，切实地改善了当地人的生活。

更重要的是，C&D 服饰不以低成本为最大优势，而是不断提升产品质量，甚至以超越全球最高的验厂标准作为卢旺达工厂的唯一标准——符合标准是基线，而超越标准才是优秀。

从长远来看，依托国内产业链和经验支撑，在东南亚、非洲等低成本国家建厂，不断整合资源扩大自身总成本领先的优势，将是纺织服装企业的一条重要出路。

第 3 章

客户画像：明确营销的目标受众

优秀的客户画像能够将真实的客户群体还原，使其以立体化的方式呈现出来。企业既要从宏观层面明确细分市场，洞察客户生命周期，又要从微观层面绘制 B2B 购买流程，分析客户购买频次，明确关键决策人群。从市场细化到"人"，才能精准掌握客户信息，明确营销的目标受众。

3.1 纵览全局：市场特征＋客户生命周期

对于 B2B 客户而言，产品使用场景与其业务运作密切相关。营销人员需要对客户所在行业有清晰的认知，站在客户的决策层与使用层的角度思考问题。在绘制客户画像前，B2B 企业需要对其讲行一次全面的研究，明确客户所处的细分市场特征及其生命周期。

3.1.1 明确两大细分市场

明确细分市场是绘制客户画像的第一步。B2B 企业需要对自身所处市场进行细致的调查，对目标受众进行定位，以寻找销售线索，增加收入。B2B 企业需要对两类市场进行细分，如图 3.1 所示。

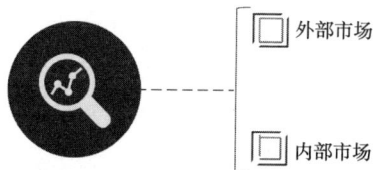

图 3.1　B2B 企业细分的两类市场

1. 外部市场

外部市场主要包含五个因素：

（1）地理位置。即客户所在的省份、城市、区县、乡镇等。如果 B2B 企业接触的是跨国客户，就需要做好对比，自行调整，统一市场的地理位置细分标准。

（2）基本信息。即客户的员工人数、年收入、经营年限等。

（3）心理活动。即客户的价值观、购买动机、行为模式等。B2B 企业可以通过浏览客户的官网、社交媒体以及与对接人沟通，捕捉客户的心理活动。

（4）主要诉求。即客户希望 B2B 企业帮助其解决什么问题。

（5）客户对接人的基本信息。即对接人的年龄、学历、职位、工龄等。

2. 内部市场

B2B 企业可以根据客户类型、产品或服务以及销售线索来源进行内部市场细分。

（1）客户类型。即根据购买频次和活跃程度将客户分为新客户、老客户、非活跃客户、忠实客户等。

（2）产品或服务。即根据销售情况确定哪些产品或服务利润最高；哪些产品或服务具有较大的潜力，应重点关注；哪些产品或服务对外部市场细分更有意义等。

（3）销售线索来源。B2B 企业的销售线索来自哪里，是忠实客户的宣传和推荐，还是合作企业、媒体、高校等的宣传，抑或企业在官网、社交媒体上自行发布的营销内容。

综上所述，B2B 企业需要从外部市场、内部市场两个方面进行市场细分，为绘制客户画像奠定基础。

3.1.2　洞察客户生命周期

B2B 客户的生命周期从签约开始，到流失结束，如图 3.2 所示。想要留存客户，提升效益，B2B 企业需要以客户生命周期为基准，围绕客户不同阶段的需求，明确每个阶段需要达成的目标，并设计配套的客户管理工具，以挖掘客户的更多价值。

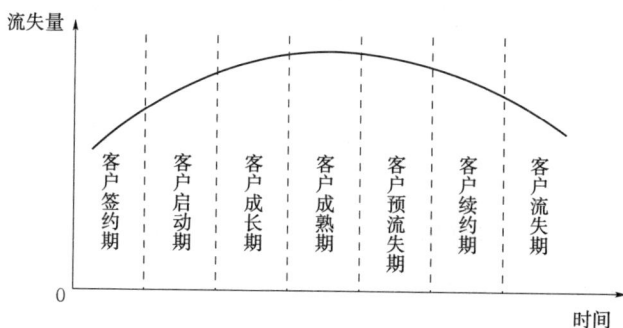

图 3.2 客户生命周期

1. 客户签约期

在这一阶段，客户会根据已知的信息对产品产生一个大致的预期。客户往往希望自己买到的产品与已知信息一致，甚至超越自己的预期。B2B企业需要合理控制客户预期，不做出夸大或无法达成的承诺。对此，营销和销售部门需要有统一的产品或服务介绍，避免在成单前过分地提高客户对产品的预期。

2. 客户启动期

在这一阶段，客户需要利用产品来解决自己的问题，客户往往希望产品的使用成本较低且能立刻见效。B2B企业需要帮助客户快速启用产品，满足其个性化需求。对此，企业可以和客户明确双方需要配合的工作，以书面形式确认下来。企业可以举办一个小型的项目启动会，让客户觉得自己受到重视。除此之外，企业还要根据客户购买产品的初衷，为其提供针对性的讲解及使用培训，最好能建立标准化的培训流程，以降低客户学习难度。

3. 客户成长期

在这一阶段，客户希望自己在使用产品的过程中出现任何问题，都有人及时予以解答并指导操作。B2B企业需要高频跟进客户使用情况，及时响应客户的问题。企业可以根据客户使用数据，定期回访客户的使用情况，特别是当使用数据异常时，要及时向客户了解原因，明确问题所在。另外，企业还要建立完善的线上服务体系，串联起产品、销售、技术、服务等部门的工作，确保能及时与客户沟通，缩短响应及解决问题的时间。

4. 客户成熟期

在这一阶段，客户想要探索产品的深度功能，希望能使用产品解决更多问题。B2B 企业需要打造明星客户，用头部客户带动腰部客户，吸引客户解锁高级功能。企业可以定期拜访头部客户，向他们倾斜资源，或者通过直播、沙龙等方式加强与客户的交流。

5. 客户预流失期

在这一阶段，客户可能发现产品无法解决自己的某些问题，进而产生不再合作的想法。B2B 企业需要掌握客户需求变化情况，在特殊问题上主动提供解决方案。企业可以定期回访客户，了解产品使用情况以及客户的业务变化、人员变化等情况，据此主动提供解决方案，以增加产品的价值。

6. 客户续约期

在这一阶段，客户可能有了新的需求，决定对比多家产品，重新决策。B2B 企业需要提前介入，用资源倾斜等方式挽回客户。另外，无论客户是否续约，企业都要记录原因，定期对客户痛点和需求进行分析，以推动产品完善。

7. 客户流失期

在这一阶段，客户因某种原因（对产品不满意、业务变动等）放弃使用企业产品，转而选择与其他企业合作。B2B 企业需要通过推出新产品、加大优惠力度等方式尽力挽回流失客户。如果客户最终流失，企业要做好流失客户标记，详细记录客户流失的原因，并据此制定优化方案，避免同类型客户再次流失。

客户的运营和留存要以客户生命周期为基础，B2B 企业需要做大量的跨部门协作工作，建立跨部门合作及沟通机制，把握各个节点，以提升客户留存率及忠诚度。

3.2　细化到人：购买流程＋关键人群

B2B 产品面向企业客户，客户画像既要具备行业、企业属性，又要细化到个人，即产品的购买者与购买决策者。因此，绘制客户画像需要明确购买流程与关键决策人群。

3.2.1　分析客户购买频次

相较于 B2C 企业，B2B 企业的客户基数较小，但需要进行分层管理，明确为不同客户提供产品或服务的顺序。B2B 企业以客户购买产品或服务的频次和金额为依据，将客户分为以下三类：

1. 高频高额客户

购买频次高、成交金额大的客户通常为 B2B 企业重点关注的客户。想要留住这类客户，B2B 企业需要站在对方的角度，通过评估测试，与其建立长期稳定的信任关系。除了产品质量有保障外，B2B 企业还可以从仓储、物流、金融、售后等方面入手，提高衍生服务水平。

2. 低频高额客户

这类客户成交的频次虽然不高，但单价非常高，每成交一单都能给企业带来可观的利润。这种情况常见于汽车、大型机械设备等行业。这些行业的交易环节较为复杂，涉及设计、原材料选购、生产、检验、交付、售后等多个流程。

想要留住低频高额客户：一方面，B2B 企业可参考高频高额客户的留存方法，做好衍生服务；另一方面，企业要做好自身信用评估工作，以提升自己的信用度，确保信息透明、对称，提升客户信任感。

3. 高频低额客户

购买频次高，但订单金额低的客户对产品的需求较为稳定，B2B 企业可以与其建立长期稳定的合作关系。由于此类客户的单笔交易金额小，因此相关联的服务成本高，对此，B2B 企业可以优化生产与服务流程，通过降本增效来合理控制服务成本、提升利润率。

4. 低频低额客户

购买频次低，订单金额也低的客户的重要性没有前三类客户高，但B2B企业仍要做好管理工作，寻找将其转化为高频客户或高额客户的机会。一方面，企业要建立完善的交易保障体系，从客户角度出发，尽可能考虑客户的利益，同时做好数据分析工作，合理储备库存，确保供需平衡；另一方面，企业可尝试将低频低额产品与低频高额产品相结合，或者与同类爆款产品合作，创新产品销售形式。

客户的购买频次和金额应该是多少，没有一个统一的标准，B2B企业需要结合业务属性和市场环境综合分析，及时调整客户画像和营销策略。

3.2.2 绘制 B2B 客户购买流程

从产生需求到完成购买，B2B客户有一套自己的流程，如图3.3所示。

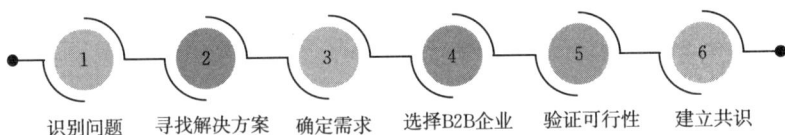

图 3.3　B2B 客户购买流程

在每一阶段，客户都有不同的"任务"。

（1）识别问题：出现了什么问题？

（2）寻找解决方案：有什么方法可以解决问题？

（3）确定需求：需要购买什么产品或服务？

（4）选择 B2B 企业：该企业能提供解决问题的产品或服务吗？

（5）验证可行性：该企业提供的产品或服务能解决问题吗？效果如何？

（6）建立共识：需要获得内部决策团队的支持，需要在企业内部达成共识。

事实上，真实的B2B购买流程没有图3.3这么简单明了，通常是迷宫一样的非线性结构。六个任务循环交叉进行，例如，验证可行性和建立共识穿插在前四个任务中，同步进行。在完成任务的过程中，客户会不断获取新的信息，再复盘之前的任务，并做出相应的调整。

在识别问题和寻找解决方案阶段，B2B 企业要持续向客户输出信息和建议，协助客户重新审视其问题，调整解决方案。在确定需求阶段，企业要与客户保持沟通，及时了解其需求变化并给出专业的建议。在选择 B2B 企业和验证可行性阶段，企业要提供充分的"证据"证明自身能力，增强客户的信心，同时做好准备，以应对客户随时提出的新问题。在建立共识阶段，B2B 企业要尽力促成客户方相关人员的沟通，帮助他们尽快达成一致意见。

B2B 购买流程充满了不确定性，客户可能会在任一节点停留、探索、验证、迭代，其需求和解决方案也会因此而变化。对于 B2B 企业来说，这既是机遇，也是挑战。企业要适应非线性的购买流程，提高灵活度，以充足的耐心应对客户的各种变化。

3.2.3　明确关键决策人群

关键决策人熟悉企业的业务流程，会以企业利益为导向，权衡市场信息，比较备选方案，有权对企业是否购买某种产品或服务做出决策。关键决策人通常是部门总监、经理等管理层员工，如果企业规模较小，可能由 CEO、创始人亲自决策。

对于 B2B 企业来说，与关键决策人直接沟通能够提升工作效率，确保对接高效、有效，避免第三人传话导致信息失真，有助于提高企业在客户心中的优先级。因此，穷尽关键决策人群对 B2B 企业来说至关重要。

那么，该如何寻找关键决策人呢？

首先，浏览客户的官方网站，了解客户的业务架构，寻找具体业务负责人的电话、邮箱等联系方式。

其次，利用搜索引擎和社交媒体进行搜索，关键词可以是"企业名称＋CEO/负责人名字"，尽量多用不同职位员工的名字去搜索。

最后，利用专业的客户关系管理（customer relationship management，CRM）系统或数据获取与分析系统来寻找关键决策人。目前市面上有一些 CRM 系统具备"找买家"功能，将主流搜索引擎、企业网站和社交媒体账号汇聚在一起，为企业提供有效的客户联系方式。B2B企业可根据企业名称、域名、邮箱等关键词搜索获取客户方更多关键决策人的联系方式。

客户的规模越大，B2B企业寻找其关键决策人的难度就越大。对此，B2B企业需要逐步筛选、试探、验证，这样才能穷尽关键决策人，离赢单更近一步。

◎中篇

B2B品牌营销运营策略

数字化时代，线上营销成为主流，B2B 企业需要理清数字化营销思路，构建数字化闭环营销链路，多维度抢占精准流量。同时，B2B 企业的营销模式变得更人性化，这就要求企业重视私域化营销，与客户建立情感连接。

作为 B2B 品牌营销的一种重要形式，内容营销的作用不容忽视。企业还需要构建并深化品牌 IP，占据客户心智，让客户对品牌形成长期记忆。

第 4 章

数字化营销：多维度抢占精准流量

市场环境变幻莫测，客户获取和成交变得越发困难，B2B 企业的营销方式也随之改变。其中，线上营销成为主流，抢占数字化转型先机成为"重头戏"。在信息爆炸的数字化时代，营销数字化从"选做题"变成"必做题"，数字化营销已成为 B2B 企业获取流量和推广品牌的重要手段。以数字化营销多维度抢占精准流量是企业在当今竞争激烈的市场环境中取得成功的关键。

4.1 B2B 品牌官网搭建重点

随着互联网的普及和全球市场的扩展，B2B 网站成为企业与客户、合作伙伴和供应商之间交流、展示产品和服务、建立品牌形象的重要渠道。搭建一个成功的 B2B 品牌网站对于企业来说至关重要，是企业营销转型的一项关键举措。

4.1.1 理解客户目标需求

在 B2B 品牌官网搭建过程中，理解客户的目标需求至关重要。以下是一些理解客户目标需求的方法：

（1）深入的市场调研。通过市场调研来了解客户所在行业的特点、市场趋势、竞争格局等，从而更好地理解客户的需求背后的环境和背景。

（2）客户洞察。与客户进行深入的沟通和交流，了解其业务目标、挑战和需求。根据客户的特定需求和偏好，为其提供个性化的内容和服务。

企业可以通过使用客户分级和目标定位策略，将网站内容、产品信息和推荐内容针对性地呈现给不同的客户群体。

（3）定制化解决方案。根据对客户需求的深入理解，提供定制化的解决方案，以满足客户具体的业务需求。

通过以上方法，企业可以更全面地理解客户的目标需求，为成功搭建B2B品牌官网奠定坚实的基础，从而更好地制定品牌策略和营销方案，满足客户的需求，并与其建立长期稳定的合作关系。

4.1.2　优质客户服务：提升客户体验

随着数字化技术的快速发展，客户的期望也在不断提高，更加追求个性化、便捷和无缝的体验。因此，企业需要不断提升客户服务水平，多维度服务客户，满足客户的需求并提升客户体验。

（1）个性化服务。针对客户特性和需求，企业可以为其提供个性化、差异化的解决方案。

（2）顾客支持与沟通。企业可以建立高效的客户支持体系，及时回应客户问题和反馈。同时，通过多种沟通渠道（如电话、电子邮件、在线聊天等）与客户保持紧密联系。

（3）提供价值内容。通过博客、白皮书、视频等形式，向客户提供有价值的内容，帮助他们更好地理解产品或服务，并解决相关问题。

（4）反馈和改进。积极收集客户反馈，不断改进产品、服务和客户体验。客户反馈是产品改进的重要依据，也是与客户建立长期合作关系的关键。

（5）培训与教育。向客户提供相关培训和教育资源，帮助他们更好地使用产品或服务，从而获得更好的体验和价值。

通过以上方法，企业可以大幅提升客户体验，增强客户对自己的认可度和忠诚度，进而实现更好的发展和业务增长。

4.1.3　增强区域性影响力：提高行业知名度

根据不同的区域和目标受众，企业需要制定个性化、定制化的营销内容和营销策略。了解目标区域的文化、语言和偏好，企业可以确保提供的内容能引起当地客户的共鸣。

（1）积极参与当地的商业活动、行业展会、公益活动等，加强与当地客户、合作伙伴和社区的联系，提升品牌在当地的知名度和影响力。

（2）与当地重要的企业、机构或组织建立合作伙伴关系，通过合作共赢的方式扩大品牌在当地的影响力和资源网络。

（3）针对当地市场特点和文化习惯，定制本土化的营销策略，包括广告语言、市场推广策略、产品定位等，使品牌更好地融入当地市场。

（4）本土化语言建站和搜索引擎营销（search engine marketing，SEM）。本土化语言建站即通过定制化网站内容和用户界面，适应目标市场的语言和文化特点，从而实现企业与本地消费者的紧密连接。SEM 则利用搜索引擎广告平台，通过地理定位和本地化关键词研究，将广告精准地展示给本地目标受众。

（5）通过提供高质量的产品和服务，建立良好的口碑和品牌形象，提升品牌在当地的可信度和信誉度。

（6）利用当地流行的社交媒体平台和本地化的内容营销策略，通过定制化的内容和广告创意、与本地媒体合作以及持续优化和跟踪，提升品牌在当地受众中的曝光度和认知度。

通过以上方法，企业可以有效增强品牌在特定区域的影响力，巩固市场份额并拓展业务发展空间。

4.1.4　重视 SEO：提升网站可见度

拥有一个精心构建的网站只是开始，更为重要的是确保网站在搜索引擎中的可见度。而搜索引擎优化（search engine optimization，SEO）就成为企业提升网站可见度、吸引更多目标受众的关键策略。

1. SEO 的优点

SEO 的优点主要有以下几个：

（1）提升网站流量。通过 SEO，企业网站在搜索引擎中能够获得更高的排名，吸引更多有针对性的流量，从而增加潜在客户和业务机会。

（2）提高品牌曝光度。排名靠前的网站更容易被用户发现，通过SEO，品牌能够提高网站排名，获得更多的曝光，有助于树立行业权威形象。

（3）提升用户体验。SEO通常伴随着网站内容和结构的改善，有助于提升用户体验，增加用户在网站的停留时间和页面浏览量。

（4）提高转化率。通过SEO，企业吸引到的流量购买意向更强烈，有助于提高转化率和销售业绩。

（5）降低营销成本。相较于付费广告等方式，SEO是一种长期投资。一旦网站在搜索引擎中的排名比较靠前，就能持续吸引免费流量，降低获客成本。

（6）适应移动化趋势。随着移动设备的普及，SEO有助于提高网站在移动设备搜索结果中的排名，满足移动用户的需求。

2. SEO 方案的关键点

SEO方案包含如下几个关键点：

（1）清晰的信息架构。B2B网站通常包含大量的产品和服务信息。为了提供良好的用户体验，确保信息架构清晰，企业要使用清晰的分类和标签，帮助用户快速找到所需信息。同时，企业要为每个产品或服务提供详细的描述，帮助用户做出明智的购买决策。

（2）强大的内容营销。内容营销对B2B品牌官网搭建至关重要。企业应提供有价值的内容，如案例研究、白皮书等，以展示自身的专业性和行业领导地位。企业要确保内容质量高、信息丰富，并与目标客户的需求紧密相关。

（3）响应式设计。考虑到不同用户会使用不同屏幕尺寸的设备访问企业官网，因此企业要确保官网具有响应式设计，即网站能够自适应不同设备（台式电脑、平板以及移动设备等），为用户提供优质、一致的体验。

（4）强化联系方式。在网站上提供清晰明确的联系方式非常重要，如企业的地址、电话号码、电子邮件地址、在线联系表单等。基于此，潜在客户和合作伙伴可以轻松地与企业沟通和合作。

（5）数据分析和追踪。企业可以利用集成网站分析工具，如 Google Analytics（谷歌分析），跟踪网站流量、用户行为和转化率等关键指标，进而深入了解网站绩效，优化网站，并制定更有效的市场营销策略。

通过有效的 SEO，企业可以获得更多流量，提升网站的点击率和转化率，实现业务可持续增长。

4.1.5　提供有价值的内容：吸引并留住客户

在网站上提供有价值的内容对吸引访问者、提升用户体验以及强化品牌形象都有重要意义。下面是选取和提供有价值的内容的一些方式：

（1）提供多样化的内容形式（如文章、视频、演示文稿等）和内容主题（如案例研究、客户故事、行业趋势分析等），进而更好地传达信息，吸引不同类型的客户，满足其偏好和需求。

（2）利用客户数据和分析工具，了解客户的兴趣和行为，为他们提供相关的内容和建议，形成个性化的内容推荐。这有助于提升客户的参与度，提高他们对企业品牌的兴趣。

（3）提供并整理行业内容、产品内容。这有助于客户了解行业，并对企业的品牌产生兴趣。

（4）分享客户案例和成功故事，展示企业的产品或解决方案是如何帮助客户取得成功的。

（5）定期更新内容，确保其新鲜性和相关性；持续提供有价值的信息给客户，与客户保持联系，为其提供持续的支持和帮助。

通过上述方法，B2B 企业能够在官网中持续更新有价值的内容，凸显自身专业性，提高知名度，进而吸引更多潜在客户，并提升客户黏性。

4.2　搜索引擎营销布局思路

在日益激烈的数字化竞争中，SEM 变得至关重要，甚至成为 B2B 企业的必选项。本小节将重点讲解 SEM 布局的思路，通过科学的布局，企业可以最大限度地挖掘搜索引擎的潜力，提升品牌曝光度，吸引更多目标受众，实现业务增长。

4.2.1 目标：定制 SEM 目标和策略

要想做好 SEM 布局，企业首先需要明确 SEM 的具体目标，如增加网站流量、提高转化率、提升品牌知名度等。SEM 目标应该与企业的业务目标和营销策略保持一致。设定 SEM 目标和策略的方法如下：

（1）确保企业的 SEM 目标是可量化和可衡量的。如果企业的 SEM 目标是增加网站流量，那就需要设定具体的访问量增长目标；如果是提高转化率，那就要设定具体的销售或注册转化率提升目标。

（2）深入了解目标受众，包括其搜索习惯、偏好和关注点。这有助于企业更好地定制 SEM 策略以吸引他们的注意。

（3）根据企业的产品或服务以及目标受众的搜索行为，选择合适的关键词进行投放。企业要确保这些关键词与业务相关，并且具有一定的搜索量。

（4）根据选定的关键词和目标受众，制定吸引人的广告内容。企业要确保广告文案和创意能够吸引用户点击，并与落地页内容相关联。

（5）设定预算和投放策略。根据 SEM 目标和业务需求，企业需要设定合适的广告预算，并选择合适的投放策略，如每次点击付费（cost per click，CPC）、每千次展示付费（cost per mille，CPM）。

企业需要明确一点，SEM 策略需要持续优化。通过监控数据、进行 A/B 测试、调整关键词等方式，企业可以不断优化广告投放效果，以达到更好的投资回报率（return on investment，ROI）。

4.2.2 分析：分析关键词和历史数据

分析关键词和历史数据是 SEM 中的重要步骤，这可以提供有价值的见解，指导企业制定有效的 SEM 策略。

在关键词分析方面，企业可以使用关键词研究工具，如 Google 关键词规划工具、SEM rush 等，获取关键词的相关数据，如搜索量、竞争程度、建议出价等。企业要选择与自身产品或服务相关的关键词，并关注其搜索量和竞争程度。较高的搜索量意味着更多的流量和机会，但也伴随着更激烈的竞争。

企业可以考虑采用长尾关键词。长尾关键词通常具有较低的搜索量和竞争程度，但能够更准确地匹配用户的搜索意图。同时，企业还需要分析竞争对手的关键词策略，了解他们正在投放的关键词，并确定潜在的机会和差距。

在历史数据分析方面，企业要分析过去的 SEM 数据，包括广告点击率、转化率、成本和收入等。这些数据可以帮助企业评估过去的广告绩效，并指导未来的决策。同时，企业要检查关键词的历史表现，确定哪些关键词具有较高的点击率和转化率，进而优化投放策略，加大对表现良好关键词的投放。

同时，企业要分析广告质量得分，了解广告相关性、点击率和目标网页质量，以优化广告文案和目标网页，提高广告质量得分和广告排名。此外，企业要记录和分析竞争对手的活动和策略，包括广告文案、出价变化和投放时间等，借鉴竞争对手的成功经验，并找到自己的差异化优势。

基于上述分析，企业要将关键词数据和历史数据相结合，找到与业务目标和关键绩效指标（key performance indicator，KPI）相符合的关键词和策略，确定关键词的优先级和投放方式，根据搜索量、竞争程度、历史表现和预算等因素进行权衡和决策。最后，企业应建立数据跟踪和分析系统，实时监测和评估 SEM 的效果，并进行持续优化和调整。

在进行关键词和历史数据分析时，企业需要充分利用各种分析工具和平台的功能和数据。同时，企业要不断学习和关注行业趋势和最佳实践，将数据分析与市场洞察相结合，制定出效果更佳的 SEM 策略。

4.2.3　计划：制订推广计划

制订一个有效的推广计划可以帮助企业达到预期的 SEM 目标。制订推广计划的步骤如下：

（1）确定目标。明确推广目标，如增加网站流量、提高转化率、增强品牌曝光等。确保目标具体、可衡量，并与企业的业务目标相一致。

（2）预算规划。根据企业的业务规模、竞争情况和预期目标确定 SEM 预算。企业要确保预算合理，并根据实际情况进行灵活调整。

（3）广告投放设置。选择合适的广告平台进行广告投放，并设置广告投放的地理位置、时间、设备定位等参数，精确定位目标受众。

（4）监测和优化。建立有效的数据跟踪和分析系统，监测广告绩效和关键指标。根据数据进行优化，如调整关键词、广告文案、出价、目标网页等。

（5）绩效评估。定期评估推广活动的绩效，分析关键指标的趋势和变化。根据评估结果，调整计划并制定下一阶段的策略和目标。

企业的推广计划需要结合实际情况和市场需求进行灵活调整。持续监测和优化是 SEM 推广成功的关键，企业需确保计划与目标保持一致，并能适应不断变化的市场环境。

4.2.4 执行：实施及检测广告投放和 SEO 效果

实施广告投放和监测 SEO 效果是推广计划的关键步骤。

1. 广告投放与效果监测

在广告投放与效果监测方面，企业要注意以下几点：

（1）在实施广告投放之前，企业要设定明确的目标，如点击率、转化率或 ROI 要达到多少。

（2）根据企业的目标受众和广告内容，选择合适的广告平台。

（3）创建吸引人的广告文案和创意，并确保其与目标受众的需求相关联。

（4）根据广告目标和业务需求，设定广告预算并选择投放策略。

（5）定期监控广告效果，包括点击量、转化率等指标，并根据数据进行优化，如调整关键词、优化广告文案等。

2. SEO 实施和效果监测

在 SEO 实施和效果监测方面，企业要注意以下几点：

（1）确保网站内容包含与企业的目标关键词相关的高质量内容，并进行内部链接优化。

（2）确保网站结构良好，页面加载速度快，移动端适配良好，提升用户体验和搜索引擎友好度。

（3）寻找高质量的外部链接，提升网站的权威性和可信度。

（4）持续发布有价值的内容，吸引用户并提升网站在搜索引擎中的排名。

（5）使用 Google Analytics 等工具来监控网站流量、排名等数据，并根据数据对网站进行优化。

通过实施这些策略并持续监测效果，企业可以不断优化广告投放和 SEO 效果，以达到更好的营销效果。

4.2.5　优化：推广数据分析与优化

在优化方面，企业需重视数据收集和分析。下面逐一讲解关键词、广告创意、目标网页等方面的优化。

在数据收集与分析方面，企业要收集和整理推广活动的数据，包括广告平台的报告数据、网站分析工具的数据以及其他相关数据，进而分析关键指标，如广告点击量、点击率、转化率、成本和收入等。企业要比较不同广告组、关键词和广告创意的表现，找出低效和高效的元素。

在关键词优化方面，企业要根据关键词的表现情况，调整关键词策略，剔除表现不佳的关键词并添加新的关键词，以扩展覆盖范围。同时，企业要关注长尾关键词的表现，这些关键词可能具有更高的转化率和较低的竞争度。企业可以使用负关键词这一工具排除与推广目标不相关的搜索查询，提高广告的相关性和点击率。

在广告创意优化方面，企业要优化广告文案，确保文案与目标受众的需求和搜索意图相匹配。企业要撰写吸引人的标题和描述，使用相关的关键词，尝试不同的广告变体，包括标题、描述和显示链接的变化。此外，企业要进行 A/B 测试，评估不同变体的表现，并选择最佳组合。

在目标网页优化方面，企业要优化推广活动的目标网页，确保网页内容与广告文案和关键词相关，提供清晰的信息，以提高转化率。

此外，企业要分析竞争对手的广告策略和表现，了解他们的关键词选择、广告创意和营销策略，找到优化和改进的机会。

最后，企业要监测推广活动的绩效，并根据数据进行实时优化。企业要持续关注行业最佳实践和新的推广趋势，参与行业活动、研讨会，不断提升自己的推广技能、丰富相关知识。

4.3 社交媒体全域矩阵搭建

社交媒体全域矩阵是一个综合性的布局，旨在帮助企业整合和优化社交媒体活动。企业搭建社交媒体全域矩阵需要考虑多个关键因素：首先，企业需要明确自身目标和目标受众，了解他们的喜好和行为；其次，企业需要选择契合品牌形象和营销目标的社交媒体平台，并确定平台的定位和特点；最后，企业还应该合理选择社交媒体管理和监测工具，以便有效地管理和跟踪社交媒体活动的绩效。

4.3.1 了解目标受众

了解目标受众是社交媒体战略成功的关键因素之一。只有深入了解目标受众的需求、兴趣和行为，企业才能制定有效策略并创建有吸引力的内容。企业了解目标受众的方法如下：

（1）用户行为数据分析。通过网站流量统计工具（如 Google Analytics）、社交媒体平台数据等，企业可以分析用户在网站或社交平台上的行为路径、停留时间、互动次数等指标，了解用户兴趣和偏好。

（2）社交媒体数据分析。利用社交媒体平台提供的数据分析工具，如微信数据分析等，企业可以分析粉丝互动情况、内容受欢迎程度等指标，洞察受众喜好。

（3）用户调研数据综合分析。将市场调研获得的数据与实际用户行为数据结合起来分析，并综合考虑不同维度的信息，企业可以更全面地了解目标受众。

通过综合运用以上分析方法，企业能够确认目标受众的特征、偏好和行为，为制定针对性的社交媒体运营策略提供有力支持。

4.3.2　多平台覆盖

多平台覆盖是一个有效的社交媒体战略，可以帮助企业扩大受众范围并增加品牌曝光。但是在进行多平台覆盖时，企业要保持品牌的一致性。以下是实现多平台覆盖的关键步骤：

（1）目标受众研究。在选择合适的社交媒体平台之前，企业要深入了解目标受众常用的社交媒体平台、喜好的内容类型和互动方式。这能够帮助企业决定在哪些平台上建立品牌。

（2）社交媒体平台选择。根据目标受众的特征和行为，选择适合企业品牌的社交媒体平台。例如，微博面向广泛的受众群体，脉脉面向职场人士等。

（3）跨平台一致性。如果企业在多个社交媒体平台上布局，就要确保企业的品牌形象和声音在各平台上的一致性。企业需要使用统一的品牌元素，如标志、颜色等，提升品牌识别度，让客户在不同平台上能够轻松识别企业品牌。

（4）跨平台整合。在不同的社交媒体平台上，企业要进行跨平台整合来提升品牌曝光度和用户参与度。

尽管多平台覆盖可以提升品牌能见度，但也需要合理分配资源和注意力，确保企业有足够的资源来有效管理和维护各个平台，持续输出高质量内容。

4.3.3　内容创作与传播

在内容创作与传播方面，企业要制定有吸引力和影响力的内容策略，以保证高效、持续地输出优质内容。

（1）制定内容策略。制定一个明确的内容策略，可以帮助企业保持一致性并有效规划内容创作。企业要确定内容的类型、格式、频率和风格，考虑使用不同的内容形式，如文字、图像、视频、动画、漫画等，保证内容的多样性和吸引力。

（2）创作优质内容。企业要确保内容质量高、有价值，并符合受众的需求，为受众提供有用的信息、独特的见解、引人入胜的故事或有趣的见闻。企业要注意语法、拼写和格式，确保内容清晰易读。

（3）多媒体内容。企业要利用多媒体元素，如图片、视频、音频和动画等来丰富内容，使其更具视觉吸引力和互动性。

（4）社交媒体优化。在传播内容时，企业要确保内容在社交媒体平台上得到较佳的展示和传播。为此，企业要优化标题、描述和标签，提高内容在搜索中的可见性。企业还可以添加社交分享按钮、引导用户进行分享和评论，使内容覆盖面更为广泛。

通过有效的内容创作和传播，企业能够吸引受众的注意力，建立品牌形象，并与受众建立良好的互动关系。

4.3.4　社交广告策略

社交广告是一种有效的数字营销工具。企业要制定有效的社交广告策略，并分析广告投放的关键指标，制定优化方法，以提升广告效果和 ROI（投资回报率）。在策略制定方面，企业需要注意以下几点：

（1）目标受众。了解目标受众的特征、喜好和行为习惯，以便精准定位。

（2）平台选择。根据目标受众的特点选择合适的社交平台，如微信、微博、抖音等。

（3）广告形式。选择合适的广告形式，如图片、视频、卡通等，以吸引目标受众的注意。

（4）内容创意。制作吸引人的内容，包括标题、文案、图片、视频等。

（5）预算管理。合理分配广告预算，进行定期监控和调整。

在投放广告后，企业需要密切关注以下关键指标，以优化广告效果和 ROI：

（1）点击率。衡量广告被点击的比例，可以反映广告吸引力。

（2）转化率。衡量用户从点击广告到完成预期动作（如购买、注册）的比例。

（3）广告成本。每次点击或每次转化所需的成本，需要控制在合理范围内。

（4）曝光量。广告被展示给多少人看，影响广告的知名度和影响力。

（5）ROI。衡量广告带来的收益与投入的比例。

通过不断监测这些指标，并根据数据进行优化调整，可以提升广告效果和 ROI，达到更好的推广效果。

4.3.5　数据分析与优化

通过数据分析，企业能够明确不同社交媒体上的营销效果，进而优化营销策略。

1. 常用数据分析工具

以下是一些常用的数据分析工具：

（1）Google Analytics。用于跟踪网站流量、用户行为等数据，帮助企业了解用户来源、访问路径等信息。

（2）百度统计。类似于 Google Analytics，具有网站流量分析、用户来源分析、用户行为分析等功能。

（3）Kissmetrics。专注于用户行为分析，帮助企业了解用户在网站上的行为和转化路径。

（4）Mixpanel。用于跟踪用户行为，分析用户的使用情况。

（5）热力图工具。如 Crazy Egg、Hotjar 等，可以展示网页上用户点击的热点和浏览路径，帮助企业优化页面布局。

2. 常用的数据分析指标

常用的数据分析指标包括访问量、页面浏览量、跳出率等。

（1）访问量。网站或应用程序的访问次数。

（2）页面浏览量。用户在网站上浏览页面的次数。

（3）跳出率。用户访问页面后离开网站的比例。

（4）平均停留时间。用户在网站上平均停留的时间。

（5）转化率。用户完成预期动作（如购买、注册）的比例。

（6）用户留存率。一段时间内继续使用产品或服务的用户比例。

通过对这些工具和指标进行分析和解读，企业可以更好地了解用户的行为和需求，从而优化运营策略，提升用户体验和业务效果。

4.4 短视频与直播：打通企业营销全链路

随着移动互联网的普及和社交媒体的发展，用户更喜欢快速、直观的内容形式，短视频和直播正是符合这种趋势的营销形式。借助短视频和直播进行营销，B2B企业能够更好地满足用户需求，提升内容传播效果和用户体验，扩大品牌影响力，从而实现更好的营销效果。

4.4.1 短视频在B2B营销中的重要作用

对于B2B企业而言，短视频在营销中的作用有以下几点：

（1）展示产品与服务。通过短视频，企业可以生动地展示其产品与服务的特点、优势和使用场景，吸引潜在客户的注意力，帮助他们更直观地了解产品，促进销售。

（2）建立品牌形象。借助短视频的形式，企业可以展示自身的文化、价值观和专业能力，提升品牌知名度和美誉度，赢得客户信任。

（3）教育与培训。通过制作教育性质的短视频，企业可以向客户传授行业知识、产品使用技巧等内容，提升客户对企业的认知度和忠诚度。

（4）增加互动性与参与度。短视频更具吸引力和趣味性，能够更好地吸引受众的注意力，增加互动性和参与度，提升内容传播效果。

此外，企业可以在多个平台上发布和传播短视频，如抖音、快手、微信等，进一步拓展营销渠道，触达更广泛的目标受众，获得更多发展机会。

4.4.2 直播在B2B营销中的价值

对于B2B企业而言，直播在营销中的价值体现在以下几个方面：

（1）实时互动。企业可以与客户进行即时沟通和互动，解答客户的问题，为客户提供咨询服务，增强客户参与感和信任感。

（2）产品演示。通过直播，企业可以展示产品的特点、使用方法、效果等，让客户更直观地了解产品，提升产品的吸引力和销售效果。

（3）专家分享。企业可以邀请行业专家或内部高管进行直播，分享行业趋势、经验教训、专业知识等内容，提升品牌专业度和影响力。

（4）活动推广。直播可被用于推广企业举办的线上或线下活动，吸引更多参与者，提升活动曝光度和影响力。

（5）营销推广。通过直播的形式，企业可以进行产品促销、优惠活动推广等营销活动，吸引客户关注，促进销售增长。

总而言之，直播能够展示企业的真实性和透明度，让客户更加信任企业及其产品，建立良好的品牌形象和口碑，对企业提升品牌影响力、拓展客户群体、促进销售增长都具有重要作用。

第 5 章

数字化闭环：数字化闭环营销链路

在 B2B 营销中，线下、线上营销活动应紧密结合。企业需要了解这两种活动如何相互作用，以形成协同效应，打造数字化营销闭环，提升客户体验。数字化闭环可以为营销团队提供方向指引，使其敏锐地捕捉市场环境变化，从而及时调整营销策略，助力企业在激烈的市场竞争中脱颖而出。

5.1 B2B 企业数字营销四大趋势

数字化时代，数字营销已成为 B2B 企业发展中不可或缺的重要组成部分。随着技术的不断进步和市场竞争加剧，企业需要不断调整营销策略，以适应快速变化的商业环境。在本小节，我们将重点关注业务融合、数据驱动、高效协同和数实相生这四大趋势。

5.1.1 业务融合：多组织业务整合，实现数据共享

在多组织业务环境中，各个组织往往独立运作，缺乏统一的业务标准和流程。这不仅影响企业内部的协同效率，还增加了运营成本。同时，资源分散和浪费限制了企业的创新能力。而业务整合成为解决这些问题的关键。通过业务整合，企业可以统一业务标准、优化业务流程、实现资源共享，从而提升整体运营效率和市场竞争力。

业务融合的核心在于协同合作、共享共赢。业务融合可以通过打破组织间的壁垒，实现资源优化配置和共享，达到整体效益最大化。为实现业

务融合，企业需要采取一系列策略。首先，企业要建立统一的业务标准和流程，确保各个组织在业务运作上保持一致。其次，企业要优化业务流程，消除冗余环节，提高协同效率。最后，企业要建立协同机制，促进组织间的沟通与合作，以形成合力。

数据共享是实现业务融合的关键环节。为了有效整合多组织数据，企业需要借助云计算、大数据、人工智能等先进技术。云计算为企业提供了弹性、可扩展的计算和存储资源，使得数据可以在云端进行集中管理和共享。大数据技术则可以对海量数据进行挖掘和分析，展现数据的价值。人工智能技术可以通过机器学习、自然语言处理等手段，实现数据智能化处理和应用。

此外，数据共享平台、数据仓库等工具也发挥着重要作用。数据共享平台可以为企业提供一个统一的数据访问和共享接口，使得各个组织可以方便地获取和使用数据。数据仓库则可以对数据进行整合和存储，形成数据资产，为企业决策提供支持。

5.1.2　数据驱动：数据驱动营销决策，实现精准突围

在信息化、数字化时代，市场营销环境发生了前所未有的变革。传统的营销方式已难以适应快速变化的市场需求，而数据作为营销决策的重要依据，重要性日益凸显。数据驱动营销决策不仅可以帮助企业更准确地把握市场动态，还可以实现精准突围，提升市场竞争力。

数据驱动营销决策以数据收集、整合、分析为基础。在数据收集方面，企业可以通过线上渠道（如网站、社交媒体、电商平台等）和线下渠道（如展会现场、上门拜访、问卷调查等）收集用户数据。在收集过程中，企业需要注意数据的准确性和完整性，避免数据失真或遗漏。

在数据整合方面，企业可以利用大数据技术，将各种数据进行清洗、去重、关联等操作，绘制完整的客户画像，包括基本信息、行为特征、兴趣偏好等。

在数据分析方面，企业可以运用各种数据分析工具和方法，对数据进行深度挖掘和分析，发现客户的潜在需求和市场趋势，为营销决策提供

支持。

数据驱动营销决策可应用于目标市场定位、产品优化、营销策略制定等场景中。在目标市场定位中，企业可以通过数据分析，更准确地了解目标市场的特征和需求，从而进行精准定位。这有助于企业制定更有针对性的营销策略，提高营销效果。

在产品优化中，根据用户反馈和数据分析结果，企业可以了解产品的优缺点以及用户的真实需求，进而调整产品策略，优化产品功能和用户体验。这不仅可以提升产品的竞争力，还可以提升用户满意度和忠诚度。

在营销策略制定中，数据可以指导企业制定更精准的广告投放、促销活动等策略。例如，企业可以根据用户的兴趣偏好和行为特征，选择合适的广告渠道和投放时间，制定个性化的促销方案，从而提高营销效率和转化率。

数据驱动营销决策是企业实现精准突围的关键途径。而精准突围包含个性化营销、精准推送和实时调整三个方面。

（1）个性化营销。基于用户画像，企业可以为每个用户提供个性化的产品和服务，满足其个性化需求，提升用户体验和忠诚度，在激烈的市场竞争中脱颖而出。

（2）精准推送。利用数据分析结果，企业可以将相关信息和优惠活动精准推送给目标用户。这不仅可以提高用户的转化率和留存率，还可以降低营销成本，提高营销效率。

（3）实时调整。市场环境和用户需求不断变化，因此企业需要实时监测数据变化，及时调整营销策略。通过实时调整，企业可以确保营销活动的有效性，实现精准突围。

通过收集、整合和分析数据，企业可以更准确地把握市场动态和用户需求，制定更有针对性的营销策略。随着技术不断进步和应用场景不断拓展，数据驱动营销将在未来发挥更重要的作用。因此，企业需要加强数据管理和分析能力建设，抓住数据驱动营销的机遇，实现持续发展。

5.1.3　高效协同：数字整合营销，O2O 模式强化体验

高效协同是企业提升业务效率、增强团队凝聚力的关键。通过优化业

务流程、加强内部沟通协作，企业能够迅速响应市场变化，优化资源配置。

在数字整合营销和 O2O 模式落地过程中，高效协同发挥着举足轻重的作用。通过打破部门壁垒，实现信息实时共享和协同工作，企业能够更好地整合内外部资源，为用户提供更精准、个性化的服务。

数字整合营销是实现精准定位和提升营销效果的重要手段。通过收集、整合和分析用户数据，企业能够深入了解用户需求和行为习惯，从而制定更有针对性的营销策略。

在 O2O 模式下，线上平台可以为企业带来精准流量和定向曝光，而线下场域则可以为客户提供真实的产品体验和营销服务，有助于增强客户对企业的信任。线上、线下的数据融合使得企业能够更全面地掌握用户信息，进而优化资源配置，实现线上线下服务的无缝对接。这不仅提升了用户体验，还为企业带来了更多的商业机会和增长空间。

O2O 模式正在改变传统商业模式，通过线上线下服务有机结合，O2O 模式为 B2B 客户提供了更便捷、更丰富的购买体验。无论是线上触达、线下体验，还是线下交易、线上交互，O2O 模式都能够帮助企业更好地满足目标客户的需求，提升客户忠诚度。

高效协同、数字整合营销与 O2O 模式的融合应用，能够为企业带来巨大价值。通过优化业务流程、提升数据分析能力、加强线上线下协同等方式，企业能够实现营销、销售、服务等各个环节的高效运作。这种融合应用不仅提升了用户体验，还为企业带来了更多的商业机会和竞争优势。

5.1.4　数实相生：全域品效合一，提升品牌价值

在数字经济与实体经济深度融合的时代，企业想要实现持续发展和品牌价值提升，就要数实相生，实现全域品效合一。其中，社交媒体营销、直播营销、内容营销等策略扮演着至关重要的角色。

首先，社交媒体营销是企业实现全域营销的关键一步。随着社交媒体的普及和用户规模的扩大，社交媒体平台已经成为企业与目标客户互动、传播品牌信息的重要渠道。企业需要充分利用社交媒体平台的特性，如互

动性、传播性等，通过精准定位、内容创意、用户互动等方式，实现品牌价值提升和用户积累。

其次，直播营销已经成为一种新兴的营销方式，其互动性和实时性为企业提供了与目标客户群体建立深度连接，并产生初步信任的机会。通过直播营销，企业可以展示产品特点、解答专业疑问、塑造可靠形象，从而激发目标客户群体的购买欲望。同时，直播营销还能提升品牌知名度和美誉度，提升B端客户及终端客户群体对品牌的信任度和忠诚度。

最后，内容营销是B2B企业全渠道获客、培养高质量潜在客户的关键。在进行内容营销时，企业需要确保内容具有创新性和独特性，能够吸引客户的注意力，而且能够精准锚定客户的需求，激发他们产生进一步了解产品或服务甚至直接购买的欲望。内容的深度、专业性和针对性，直接影响目标客户转化率和业务增长率。因此，B2B企业需要采用多种内容形式（如图片、视频、文档等）提升内容质量和可读性，并在多个渠道上（如微博、小红书等）发布内容，尽可能多地增加触点数量。

实现全域品效合一还需要企业具备全局思维和创新能力。企业需要关注市场动态和消费者需求变化，及时调整营销策略和手段。同时，企业还需要注重数据收集和分析，通过数据驱动的方式，不断优化营销效果，提升品牌价值。

综上所述，数实相生，实现全域品效合一，是企业在数字化时代实现持续发展和品牌价值提升的重要途径。企业需要充分利用社交媒体营销、直播营销、内容营销等策略，实现线上线下的融合和资源的优化配置，从而为消费者提供更好的购物体验和服务。

5.2 B2B 数字营销实施路线图

在数字化时代，B2B数字营销已经成为企业获取商业机会、实现高速增长的重要途径。本小节将探讨B2B数字营销的实施路线图，帮助企业了解如何有效利用数字化工具和策略来吸引目标客户，提升品牌影响力，实现营销目标。

5.2.1　客户识别：数字化筛选并识别目标客户

当前，通过数字化平台筛选和识别目标客户已经成为企业营销中至关重要的一环。随着技术的不断发展，识别潜在客户变得更精准、更高效。企业借助数字化平台筛选客户的步骤如下：

1. 数据收集

收集客户数据，包括基本信息、行为数据、购买记录等。

2. 数据清洗

对数据进行清洗和整理，确保数据的准确性和完整性。

（1）处理缺失值。识别并处理数据中的缺失值，可以选择删除缺失值所在的行或列，或者通过插值等方法填补缺失值。

（2）处理重复值。识别并移除数据中重复的行，确保数据集中的每条记录都是唯一的。

（3）处理异常值。检测和处理数据中的异常值，可以通过统计方法或可视化方法来识别异常值，并根据具体情况进行处理，如删除、替换或保留。

（4）数据格式统一。统一数据格式，确保数据类型一致，如日期格式、文本格式等。

（5）去除不必要的信息。删除对分析无用的列或字段，精简数据集以提高效率。

（6）数据转换。对数据进行必要的转换，如将数值型数据转换为分类变量、日期格式转换等。

（7）标准化数据。对数据进行标准化处理，使不同指标之间具有可比性。

3. 数据分析

利用数据分析工具和技术，对客户数据进行分析，挖掘潜在的目标客户群体。

4. 客户画像建立

根据客户数据分析结果,绘制客户画像,包括客户特征、偏好、行为习惯等。

5. 目标客户确定

根据客户画像和业务需求,确定目标客户群体,并制定针对性的营销策略和计划。

结合筛选结果,企业需要进行客户识别,并对客户进行细分,具体方法如下:

(1)利用数据分析工具,如数据挖掘软件、CRM系统等,对现有客户数据进行分析,识别出经常购买产品或服务的客户群体。

(2)基于客户的交易历史、浏览行为等数据指标,建立客户行为模型,识别有购买意向的潜在客户。

(3)运用市场调研数据和社交媒体分析工具,了解目标客户的兴趣爱好、行为习惯等信息,从而更精准地定位目标客户。

(4)利用网站分析工具跟踪访客行为,识别潜在的有购买意向的访客,并通过个性化营销方式吸引其注意。

总之,客户筛选和识别需要借助数字化工具和手段,以不断优化客户识别策略,提高准确性和效率,确保精准锁定目标客户群体。

5.2.2 客户触达:数字化触达并影响客户认知

随着数字技术的不断发展,很多企业使用数字化手段精准触达客户。通过数字化触达,企业可以更好地影响客户的认知,提升品牌知名度和影响力。

(1)多渠道触达。企业可以利用数字化工具,通过多种渠道,如电子邮件、社交媒体、搜索引擎、应用程序、自动化程序、短视频等与客户沟通和互动,增加触达频次和渠道多样性。

(2)个性化内容推送。根据客户的偏好、行为历史以及行业相关性,企业可以通过发布有价值的内容,如博客文章、视频等吸引客户关注。企业还可以通过数字化平台传播有关产品或服务的有用信息,帮助客户更好地了解产品特点、优势和使用方法，从而提升客户对品牌的认知。

（3）引导式营销。借助数字媒体，企业可以展示自身的形象、理念、专业性等，从而影响客户的购买决策。通过分析客户数据，企业可以制定个性化营销策略，向客户提供符合其需求和偏好的定制化内容，提升客户对品牌的认知和认可度，进而增强竞争力。

（4）持续沟通。企业可以建立持续沟通机制，定期向客户发送有价值的信息和资讯，与客户保持互动。

总之，数字化营销可以有效地影响客户的认知，增强客户对品牌或产品的了解和信任。

5.2.3　客户培育：数字化渠道连接客户并产生信任

通过有效的数字化渠道，企业可以更好地与客户互动，为客户提供个性化服务，从而加深客户对品牌的信任。数字化渠道多种多样，常见的数字化营销渠道有以下十种：

（1）电子邮件营销。通过发送电子邮件向客户传递信息和推广内容。

（2）社交媒体平台。如微博、抖音、知乎等，可用于发布内容、与客户互动、投放广告。

（3）网站和博客。通过建立网站和博客展示产品信息、提供资源和吸引客户。

（4）搜索引擎营销。通过搜索引擎广告（如谷歌广告）在搜索结果中展示广告，吸引用户点击。

（5）应用程序推送通知。通过手机应用程序向用户发送通知，提醒客户有优惠促销活动。

（6）在线广告。如横幅广告、视频广告等在线广告形式。

（7）内容营销。通过发布有价值的内容，如博客文章、视频等吸引用户关注，提升品牌知名度。

（8）电子商务平台。利用亚马逊、速卖通等电商平台，进行在线销售和推广。

（9）视频营销。通过视频形式传播产品信息，吸引用户关注，促使用户转化。

（10）营销自动化工具。利用营销自动化平台管理客户关系、发送个性化内容和营销活动。

这些数字化渠道可以根据产品、目标客户和营销策略的不同进行组合使用，以实现更有效的客户触达和沟通。

需要注意的是，如果企业同时在多个平台营销，那么其需要保持品牌一致性。与客户建立信任关系是一个长期的过程。企业需要坚守自己的信念，通过数字化平台，持续为客户提供高质量、有价值的信息、资源和服务，如行业报告、专业知识等，帮助客户解决问题，增强其对品牌的信任，促进长期合作关系建立。

5.2.4 客户维系：多平台整合互动模式助信任升级

随着市场竞争加剧，供大于求已经成为常态，客户选择变多，决策周期变长。想要实现长期发展，在关注新客户的同时，企业需要加强对老客户或潜在成交客户的关注，做好客户维系工作。在这方面，企业需要注意以下几点：

（1）一致的品牌形象。确保在不同平台上传达一致的品牌形象和价值观，让客户感受到品牌的稳定性和可靠性。

（2）个性化互动。根据客户的偏好和行为历史，在不同平台上为客户提供个性化的互动体验，增强客户对品牌的认知和信任。

（3）定期互动。通过多平台定期与客户互动，为客户提供支持和帮助，与客户建立稳固的关系，以增强客户对品牌的信任。

（4）跨平台整合。将不同平台的营销内容和信息整合起来，实现信息共享和无缝衔接，提供流畅、一致的客户体验。

（5）及时回应。在各个平台上及时回应客户问题和反馈，表现出对客户的重视和关注。

（6）提供有价值的内容。通过多平台为客户提供有价值的资源和信息，增加客户信任。

（7）建立在线社区。创建在线社区或论坛，让客户分享经验、交流意见，提升互动性和信任度。

通过利用多平台整合互动模式，企业可以更全面地与客户互动，提升客户对品牌的信任度。值得注意的是，考虑到不同客户群体对平台的偏好差异以及产品特性的不同，企业应灵活调整策略，以与客户建立稳固的长期合作关系。

5.2.5 客户转化：数字化营销流程高质量响应需求

在数字化营销领域，客户转化占据着举足轻重的地位，直接关乎销售目标是否达成。数字技术日新月异，企业可以更高效地推动营销流程，提升客户转化率。

客户转化是检验数字化营销是否有效的一项标准，高质量的数字化营销离不开高效率的数字化响应。优化营销流程，提升客户需求响应速度是提升客户转化率的关键。

1. 引导措施

企业要做好客户兴趣引导，通过个性化、精准的引导措施，吸引客户关注其感兴趣的内容，提高转化率和满意度。

（1）数据分析。通过分析客户的浏览记录、购买历史、点击行为等数据，了解客户的兴趣爱好和偏好。

（2）个性化内容。根据客户的兴趣，提供定制化的内容和推荐，使客户能很容易地发现自己感兴趣的信息。

（3）行为跟踪。跟踪客户在网站或应用上的行为，据此实时调整推荐内容，引导其关注感兴趣的产品或服务。

（4）互动营销。通过定期发送个性化的营销邮件、短信或推送通知，引导客户参与互动活动，增强其对产品或服务的兴趣。

（5）推荐系统。利用推荐算法和技术，为客户推荐符合其兴趣的产品或内容，提高其浏览和购买的可能性。

（6）社交媒体互动。在社交媒体平台上与客户互动，了解其兴趣和需求，提供相关信息和服务，引导其深入了解品牌。

（7）定期调研。定期进行客户调研，了解客户反馈和需求变化，根据反馈调整产品策略和营销方向。

2. 衡量指标

企业要根据不同的业务和营销目标，衡量客户转化效果。通常可以参考以下指标：

（1）销售量。衡量客户转化的一个主要标准是实际的销售量，即客户购买产品或服务的数量。

（2）转化率。转化率是指访问网站或营销渠道后最终完成预期行动（如购买、注册、订阅等）的客户比例。

（3）成本每次转化。即每次转化所需的成本。

（4）客户生命周期价值。客户生命周期价值是客户在整个合作期间为企业带来的总收入，衡量客户转化对企业长期价值的贡献。

（5）重复购买率（翻单）。重复购买率表示已经转化的客户再次购买的频率，反映客户对产品或服务的满意度和忠诚度。

（6）客户满意度。客户满意度调查结果可以作为衡量客户转化效果的重要指标，满意度高的客户更有可能转化并保持长期合作关系。

通过综合考虑以上指标，企业可以全面评估客户转化的效果，并及时调整营销策略以提高转化率和客户满意度，进而实现高质量的客户转化。

5.3 B2B数字营销系统搭建

数字经济时代，B2B企业也要与时俱进，搭建数字营销系统。数字营销系统的优势在于，能够利用大数据、物联网等先进技术，协助企业梳理业务流程，快速响应客户个性化的产品、服务需求。

5.3.1 分析客户旅程，重新梳理核心业务流程

B2B客户通常为集体决策，关键决策人众多。对此，B2B企业要分析客户旅程，及时调整营销策略，让每个关键决策人都能获得B2C购买模式下的即时满足感。

在绘制客户购买流程图时，B2B 企业要以客户视角串联购买全渠道，同时明确销售线索在各环节的推进速度。在绘制过程中，企业要注意两点：做好销售线索的生命周期管理和销售线索的"回旋"情况。

1. 销售线索生命周期

销售线索生命周期如图 5.1 所示。

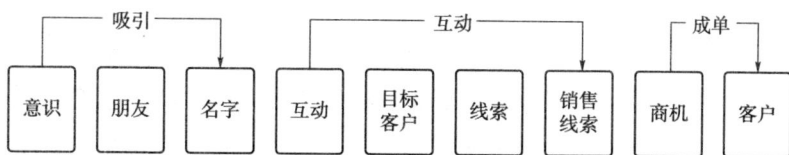

图 5.1　销售线索生命周期

销售线索生命周期分为吸引阶段、互动阶段和成单阶段三个阶段。在吸引阶段，B2B 企业通过产品、服务以及营销活动塑造品牌口碑，与潜在客户建立联系，增强其信任感。在这一阶段，B2B 企业至少要做到让潜在客户知晓、记住企业的名称。

在互动阶段，B2B 企业通过有意义的互动与高质量潜在客户建立联系，挖掘原始线索。原始线索经过市场部打分，发育成市场认可线索，即可交由销售开发代表（sales development representative，SDR）团队打分，通过后交由销售部打分，成为销售认可线索。

在成单阶段，销售人员紧抓高质量线索，积极促成交易。

在销售线索转化期间，市场部和销售部要紧密配合，提升销售认可线索数量和客户转化率。

2. 销售线索的"回旋"情况

真实的 B2B 购买流程是复杂、充满不确定性的，客户会复盘，调整需求和购买计划。B2B 企业需要跟踪客户在每一阶段的"回旋"行为并及时介入。在推进核心业务的过程中，B2B 销售人员要遵循以下三个原则：

（1）客户信息来源单一、可靠。销售人员会利用各种渠道和潜在客户建立联系，接触大量的关键决策人与利益相关者。在这个过程中，销售人员要随时整合与客户的接触点，确保为其提供的信息来源单一、内容准确，从而与潜在客户建立信任关系，促成进一步合作。

（2）提供的信息与客户相关。互联网时代，信息呈爆炸式增长，客户不会在与自己没有直接关系的信息上浪费时间。在推进线索的过程中，销售人员要根据客户所处的购买阶段投放相关信息，以激起客户的购买欲望。一方面，白皮书、案例演示、终端客户需求分析等内容要提前准备好；另一方面，SDR 团队要适时与客户联系，邀请其参加线上或线下的会议，并告知其近期的线下展会等活动。

（3）沟通要及时。无论是通过微信、电子邮件、官方网站还是社交媒体平台与客户互动，B2B 企业都要做到在客户出现问题时迅速响应，解决客户痛点。这样能够在很大程度上优化客户体验，重塑客户旅程。为了更有效地触达客户，B2B 企业可以加大在专业社交媒体平台上的运营力度，利用客户碎片化的阅读时间，深化自身在客户心中的记忆。

综上所述，B2B 客户的购买旅程较为复杂，但购买行为最终是由人来完成。B2B 企业需要以客户旅程为导向，不断调整核心业务流程，增强自身影响力。

5.3.2　基于客户体验的数字化 B2B 平台

大型 B2B 企业，尤其是发展至集团层面的 B2B 企业，往往产品品类众多，旗下各品牌、事业部运营模式不尽相同。随着业务规模不断扩大和 B2B 客户旅程日益复杂化，B2B 企业急需一个数字化的业务平台来优化客户体验，吸引客户留存，提升客户忠诚度。

数字化 B2B 平台正是为了满足这一需求而生，它深入洞察企业、经销商及业务人员的需求，以真实的 B2B 工作场景为导向，精准把握客户在各阶段的需求，从而提升整体工作效率和客户满意度。该平台具备以下三大显著优势：

1. 企业统一管理

针对集团层面的 B2B 企业业务种类多、运营数据混乱等问题，数字化 B2B 平台能够实现全链业务的线上处理。集团总部能够对各品牌、事业部的工作数据进行汇总，明确各条业务线的经营情况。该平台协助企业制定标准化价格体系，根据客户的分层分级进行成本及价格核算，在管控价格体系的同时给予销售团队一定的谈判空间。

2. 提升 B2B 采购效率

在采购阶段，该平台会根据客户所在地区、采购需求等，向业务人员仅展示其需要的产品品类，避免无关品类对其造成干扰。

此外，关于定制化产品和服务，该平台对产品起订量、定制要求进行统一管理。

3. 提升业务人员工作效率

在数字化 B2B 平台上，业务人员可以随时查看自己负责的客户的信息，分析采购历史，跟进订单生产进度。此外，业务人员可以在移动端进行售前、售中和售后管理工作，实现日常工作的全流程线上化处理。

数字经济时代，B2B 企业需要搭建线上业务系统以适应不断扩张的业务规模，提升客户购买体验，增强竞争力。

5.3.3　打造 B2B 营销数据中台

营销数据中台是帮助 B2B 企业实现精准营销、提升客户转化率的一个关键系统。它能够将 B2B 客户与企业连接起来，将客户的基本信息、客户与企业互动的行为数据提炼出来，转化为营销数据中间层。营销人员可根据这些数据为客户打分、贴标签，绘制精准的客户画像，从而提升线索转化率，扩大客户基数。

从业务定位来看，营销数据中台负责对客户数据进行整合处理，从而支持全链路各环节业务，提升工作效率。具体来说，营销数据中台的业务可分为以下三项：

1. 以 One ID 体系精准投放

One ID 体系以客户个人 ID 为核心，在原有的"公司 ID—客户账号—线索 ID"体系基础上增加客户 ID、实体 ID 和浏览记录，如图 5.2 所示。

大部分 B2B 企业会建立"公司 ID—客户账号—线索 ID"体系，用于识别 B2B 企业、客户注册官网或签订合同时生成的账号以及销售线索。但在实际业务场景中，销售线索获取与客户转化都需要从"人"的角度出发，因此在生成客户账号之前，需要先从客户 ID 出发，关联多方数据。

One ID 体系能够记录客户与企业的接触行为，如浏览官网、参与线下展会活动等，根据相关数据优化营销内容，为客户投放定制化的产品与服务资料，提高企业官网的点击率。

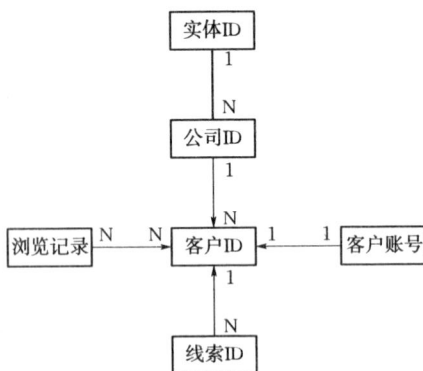

图 5.2　One ID 体系

2. 整合客户数据，把握联系时机

在 One ID 体系的支持下，销售人员能够获得客户的企业信息、个人信息以及与 B2B 企业的交互行为，在此基础上结合二维评分模型（见表 5.1）为客户打分，把握联系客户的时机。

表 5.1　二维评分模型

客户属性		客户行为	
条件	权重	条件	权重
客户已注册	20	近一个月内联系过销售	50
相关行业（计算机、互联网、新零售等）	10	近一个月内在社交媒体平台上与企业互动，并主动询问	10
品牌类大客户	20	近一周内浏览过企业官网	25
客户所在国家或地区	5	近一周内打开推广邮件超过 3 次	5

客户的分值处于不断变化中，营销人员可建立分值矩阵（如图 5.3 所示），针对不同区域的客户采取相应的营销策略，在跟踪线索转化的同时优化评分模型和分值矩阵，以客户评分为中心形成营销闭环。

3. 筛选客户，绘制完整画像

在掌握客户信息和行为数据的基础上，中台能够帮助营销人员提升客户筛选能力。例如，营销人员在发送推销产品 A 的邮件前，先通过中台筛选"近一周内打开过标题含有产品 A 的邮件的客户""近一周内购买过产品 A 的客户"以及"近一个月内浏览过企业官网的客户"。中台会根据选项筛选出符合要求的客户，营销人员可定向发送推广邮件，既避免打扰无关客户、拉升好感，又能提升邮件打开率。

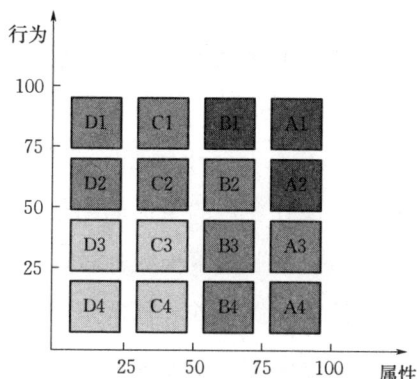

图 5.3　分值矩阵（参考）

此外，在中台内绘制客户画像也更为精准，可根据 One ID 体系与二维评分模型的数据，记录客户基本信息与交互行为。需要注意的是，客户画像包含大量隐私数据，因此 B2B 企业要做好数据保护工作，控制不同营销人员的访问权限，每次读取数据都必须有日志留痕。

综上所述，营销数据中台能够帮助 B2B 企业实现"千人千面"的营销内容投放，不断优化营销策略，提升营销人员工作能力，是企业不可或缺的重要系统。

5.4　数字营销背后是基于转化的流程迭代

在 B2B 行业中，数字营销是市场环境、客户决策链以及竞争态势发生变化的产物。受这些变化的影响，B2B 销售人员面临更大的挑战，获取潜在客户的难度显著上升。为了应对这一现状，企业需要优化客户体验，并为客户提供长期价值。因此，基于转化率的流程迭代成为企业不可或缺的战略举措，旨在实现销售流程的精细化和客户满意度提升。

5.4.1 聚焦客户 KP 的识别

通常来说，企业对客户的关注聚焦在产品与需求层面。例如，企业会关注客户在产品、解决方案、服务上的需求，以及这些需求和自身的能力是否匹配。随后，企业会分析采购过程中的关键人（key person，KP），即客户企业中拥有决策权和决策建议权的人，与其建立良好关系，从而赢得订单。

这个逻辑是完整的，但是存在一个问题：以产品、自我利益为中心，不是真正的以客户为中心。B2B 客户的生命周期很长，因此企业更需要关注客户的中长期价值。在分析采购决策模式的过程中，企业要了解并梳理客户的组织架构、采购的决策回路，并分析客户的组织架构、决策回路在未来是否会发生变化。在此基础上，企业需要识别关键部门、关键岗位和KP，进而对客户关系进行提前布局。

与 KP 建立良好关系是 B2B 营销成功的关键。企业需要通过市场活动全面洞察客户，有效识别 KP，让业务团队与客户 KP 建立长期、有效、深度的联系，以便产生信任偏好和合作倾向。通过 KP 关系经营，企业能够不断了解客户的战略发展信息，以便在未来创造出战略性合作的机会。

那么如何更好地识别客户 KP 呢？首先，企业要梳理客户的组织架构和决策链，明确决策回路，以此打通决策链上的所有 KP，了解他们之间的业务关联，达到统一调动资源的目的。分析决策链的关键在于，清晰地了解客户在业务场景中的决策流程和决策方式，这样能使业务团队在接触客户 KP 时有效影响其决策。

企业需要有效识别决策链中的七种角色，进而更全面地管理 KP 关系。

（1）项目发起者。提出与要求购买产品或服务的人，客户企业内部人员或非客户企业人员都有可能。

（2）实际使用者。客户企业内部实际使用产品和服务的人，基本是先提出购买建议，明确使用需求的人，很多时候也可能是项目发起者。

（3）项目影响者。能够影响购买决策的人，也可能是隐形决策链的关键人，协助确定购买标准，对产品或服务做出关键性评价。很可能是相关的专业人员、技术人员。

（4）项目决定者。有权做出购买决策，确定产品规格、数量、供应商的人。

（5）项目批准者。有权批准或实施方案的人。

（6）项目购买者。被高层管理者赋予权力，有权按照既定的采购方案选择供应商、参与交易谈判的人。

（7）项目控制者。有权阻止 B2B 企业与客户企业内部成员接触的人。例如，采购代理人、技术人员有权力拒绝接收某些企业和产品的信息，接待员、秘书有权力阻止 B2B 企业的销售人员与客户企业的决策者或产品使用者接触。

通过对上述七种 KP 的有效识别，企业能够与客户建立更为紧密的联系，为实现长期合作打下基础。

5.4.2 深度洞察 B2B 客户旅程及客户体验

在 B2B 营销过程中，深度洞察、理解客户旅程并提前做好客户体验管理，是控制营销过程的关键。目标客户的需求识别、需求确认、评估方案、比较方案、购买实施、购买后体验都是值得关注的。客户在每个阶段的需求是不一样的，但最终客户希望得到一个可验证的结果。企业需要在结果和过程两个维度与客户同频共振，以证明客户的选择是正确的。

在需求识别阶段，企业需要评估业务环境与业务策略。这时候客户的需求不仅是建立联系，还希望企业能够理解自己的业务和行业环境。如果企业能理解，就能体现自己的专业性，客户就会对企业产生信任。

在需求确认阶段，客户需要细化业务策略和发展方针，进一步明确需求。每个客户都是在一次次沟通中，逐步明确和完善自己的需求。他们希望企业有足够专业的业务能力，并派出足够专业的营销人员，与自己探讨业务，协助自己梳理业务目标，从而明确购买需求。

在评估方案阶段，客户需要对多家供应商进行对比考量。能够进入此阶段，证明客户对企业基本的专业能力及需求满足能力是认可的。此时，企业需要凸显自身专业能力的差异化特点，与客户深度探讨以明确其需求的核心点和完整性。

在比较方案阶段，客户虽有权利做出选择，但是如何做出正确的选择，是一个难题。了解客户在需求得到满足、达成目标的过程中的各类限制条件，企业可以有针对性地调整方案，并在此基础上和客户共同开发解决方案。

进入购买实施阶段，虽然客户已基本明确合作意向，但可能对某些细节有疑虑。企业应积极与客户沟通，理解并消除其顾虑，助力客户在需求与目标的基础上做出最优选择。

在购买后阶段，客户更关注方案实施的阶段性目标、进度、质量和最终成果。客户期望通过有效的控制手段，确保实施过程符合预期。因此，企业需要提前向客户介绍项目实施阶段、进度计划、质量管控措施、双方沟通机制以及结果数据的阶段性反馈等，不断优化客户体验，确保项目顺利推进，实现双方共赢。

5.4.3　关注数字化营销的组织闭环能力

从客户旅程的角度来看，相较于过去，如今的客户触点更多（如图5.4所示）。因为互联网技术的变革、竞争态势的变化以及数字化渠道的普及，让客户体验的关键时刻更加碎片化。

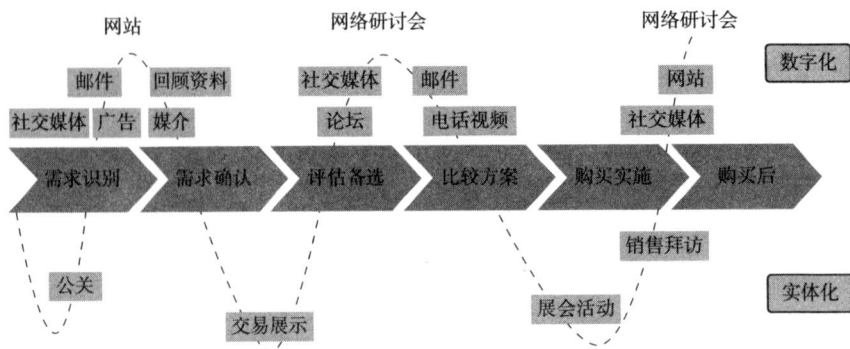

图 5.4　B2B 企业的客户触点

基于此，企业需要抓住每一个关键时刻，站在客户全体验旅程的角度，形成企业内部各个岗位、组织之间的协同与闭环能力。碎片化不是目的，只是形式和过程，最终需要形成统一的体验印象并且推动业务结果形成。

很多企业会在从市场到线索这个阶段投入大量资源，投资关键的线上渠道，全面打通接触目标客户的触点，以影响客户心智。同时，企业也需要关注重点目标客户在数字化平台上的行为，以便对客户的需求进行有效识别和确认，帮助销售团队、交付团队提前对重点目标客户进行了解，从而与其建立联系并持续互动。

此外，企业要关注数字化营销能力与实体化营销能力所形成的协同、闭环的组织合力。专业、垂直、细分能够带来单一能力的提升，但也会形成协同壁垒。因此，企业管理者需要提前识别此类风险，从业务流程设计之初就建立协同机制，统一组织目标。

第 6 章

私域化营销：行业私域强化品牌定位

私域化营销是一种具有创新性、效果显著的 B2B 营销策略。在这种营销模式下，企业更加关注客户的感受、想法和体验，并通过更多的交互、对话及共创与客户同频共振，与客户建立以信任为依托的情感连接。在私域化营销过程中，企业不再仅依赖理性的数据和策略驱动营销，而是更加注重人性化、情感化的交流方式。

6.1　B2B 企业构建私域流量池的要点

在构建自己的私域流量池时，B2B 企业需要关注三个要点：首先，核心目的是降低信任成本，感性表达比理性表达更容易与客户产生情感连接；其次，聚焦的受众群体是行业的专业人士，他们可能也是目标客户的决策层。尽管影响这些人士可能有一定的困难，但他们的认同和支持将对企业在行业中的影响力、权威性和主导性产生决定性影响；最后，在运营私域时，企业需要关注受众群体的痛点及行业趋势，以有效扩大客户基数。

6.1.1　核心目的是降低信任成本

随着 B2B 行业规模持续增长，企业希望通过自身在细分、垂直行业中的影响力，积累私域流量，引发传播效应，进而大幅降低目标客户群体的信任成本。

信任成本如何降低？近年来，虽然客户对优质的产品、服务的期待没有很大改变，但是对 B2B 品牌的预期提高了很多。

基于此，很多品牌开始与客户建立情感纽带，并为客户提供极佳的营销体验。很多 B2B 决策者对这样的营销方式表示认可。不论是选择产品供应商还是购买一件新衣服，客户扮演的都是消费者的角色，希望获得愉悦的消费体验。

很多脑科学研究的结论表明，如果大脑控制情感的模块受损，人将无法做出决策。哈佛大学教授杰拉德·扎特曼认为，95％的购买决策都是在潜意识中做出的。人受情感驱使，无论做出哪类购买决策，驱动力都来自情感性益处而非功能性益处。人们会先用感性进行决策，后用理性补充事实，推理反证整个决策过程。

降低信任成本的前提是创造目标客户群体与企业品牌之间能产生情感连接的纽带，让目标客户群体通过私域平台不断裂变、进行口碑传播，最终降低新客户的信任成本。

企业需要把自身的产品、技术和创新理念融入更大、更有意义和价值的事业中，提升目标客户群体的共情。同时，企业要用故事化的描述形式和对话的互动模式来触动目标客户群体的潜意识情感，以引发共鸣。

此外，信任感的初步建立离不开真实的客户评价。企业应精心挑选并展示那些能够真实反映产品价值和客户满意度的案例，充分发挥口碑效应，促进信任感的形成。当然，这些案例需要经得起理性的推敲和检验，以确保其在传递品牌价值的同时，能赢得客户的信任。

6.1.2　聚焦群体是行业的专业人士

很多企业会直接套用 C 端的运作方法来运营私域流量。其实路径、方法很多，核心都是从客户的核心诉求出发，做到"以客户为中心"。

在 B2B 市场营销中，存在一个普遍的误区，即过度强调产品推动增长，这往往使企业陷入围绕产品本身运作私域流量的局限。围绕产品进行私域运营，只能展现产品的功能与优势，导致企业很容易被竞争对手模仿或超越。而真正有效的私域运营，应当围绕核心客户进行，深入洞察客户的需求，无论是显性还是隐性（潜意识）需求。

私域运营是打破 B2B 营销传统思维桎梏的契机，促使企业从关注产品本身转向关注人本身。即便是行业专业人士，在购买过程中也是消费者，也需要得到认可，需要进行互动和沟通。人往往会为情感价值买单，行业专业人士也不例外。

B2B 营销的整个运作过程需要精确触及受众群体的痛点或痒点，而不是直接通过产品连接受众群体、建立简单的交易关系。与消费群体建立信任关系更需要展现出对受众痛点的理解、对痒点的共鸣。

鉴于 B2B 营销聚焦的受众群体多为行业专业人士，在构建私域流量池初期，企业就要实现从产品中心到客户中心的转变，以推动增长。B2B 企业应坚持以客户群体为中心，以行业的长期发展为己任，聚焦受众的感受与体验，持续加强品牌建设。同时，企业还要运用故事化思维，发掘品牌潜力，展现产品背后的魅力；在私域中与客户高频互动，强化情感连接，激发客户的高度共情，最终实现变革性增长。

6.1.3　吸引受众的关键是客户痛点及行业趋势

B2B 客户需要面对更多的科技变革，他们希望自己的合作伙伴能够理解和体谅自己的难处（痛点）。痛点和需求有隐性和显性之分。对于显性的痛点和需求，客户更多的是希望得到合作伙伴的认同。同时，客户希望通过互动话题和社群讨论，在不同声音中挖掘隐性需求，即客户自己未曾发现但是实际存在的问题或需求。

B2B 客户需要了解行业变革，做出更明智的采购决策，以满足不断变化的市场需求。如果 B2B 企业可以通过社群的形式更快、更好、更别出心裁地传播行业趋势变化，经过长期的累积，客户群体和忠实受众就能合二为一，对 B2B 企业变革性的业务增长有极大助力。

另外，在私域运营中，交互是必不可少的。客户对市场营销有着很高的期待，他们不想被动地接收产品信息、购买产品，而是期待能够与营销者通过富有创意和共鸣的方式进行互动，甚至在社群中就专业内容进行讨论、预测行业趋势。这种"先入为主"的情感植入模式，会刺激客户的购买欲望，对后期的真实购买行为起到推动作用。

关注客户痛点不仅彰显了企业与客户之间的深度共鸣，更体现了企业解决现实问题的能力。同时，对行业趋势的敏锐洞察和深入分析，有助于企业制定更为全面、长远的发展策略，实现更高的业绩目标。

如果 B2B 企业能与潜在客户开展更多对话，就有望大幅拓展客户基数。尽管许多企业认为提高现有客户的忠诚度更为有效，但长期来看，新客户才是推动企业持续增长的关键。因此，企业应频繁地与更广泛的群体进行交互。

高频的话题互动能够影响购买决策者的情感，进而在长期转化中降低他们对价格的敏感度。因为人的大脑对信息的处理能力是有限的，追求短期效果时需要理性表达，而对于潜在客户，则需要运用感性的表达方式。

在逻辑层面，企业应借助故事化的呈现与表达形式，结合行业趋势、客户痛点等话题，提升自身在行业中的话语权。经过长期的运作，企业能够在行业对话中占据主导地位。而故事化的表达既有趣又生动，是突破决策者心理防线、建立长期情感纽带的绝佳方式。

6.2　社群搭建：B2B 社群运营方案

现如今，社群运营成为 B2B 企业留存客户、挖掘线索的一种重要手段。微软的用户社区、Salesforce 的社区等，都能够为客户提供多样化的学习资源，引导他们互帮互助、共同进步，在潜移默化中提升客户对企业好感度和忠诚度。本小节从三个方面出发，帮助 B2B 企业明确社群定位，选择合适的社群模型及运营平台，挖掘客户需求。

6.2.1　明确社群定位

想要搭建社群，第一件事就是明确社群定位，即社群能够为成员带来怎样的价值。例如，微软的用户社区能够为其成员提供丰富的产品资源，用户可以将产品使用体验分享至社区平台，相互学习。微软还组建了社区顾问委员会，由微软的用户、合作伙伴代表共同参与，并定期举办现场会议,分享使用经验。

搭建社群的最终目的是盈利,但如果一开始就打着销售产品的旗号接近用户,那么除了对产品感兴趣的用户,其他用户根本不会加入,这样社群用户就有了局限性。因此,社群搭建要循序渐进,最初的定位不要有太过明显的功利性,可以先设计一个使命和目标,增强社群成员的凝聚力和信任感。

企业可以从目标群体的共同爱好或兴趣入手,将有相同点的人聚集起来,为他们提供社交渠道和学习资料。经过这个过程后再去销售产品,就会容易得多。

例如,在一个以书法交流为主题的社群中,每天都有成员分享书法作品、练习书法的技能、书法练习任务等,社群活跃度很高。其他书法爱好者注意到这个社群后,可能会优先考虑群里推荐的产品。因为他们对社群的信任和认可会自然延伸为对其产品的信任。

通常,社群用户会因为对社群内氛围和内容的认同,而尝试购买社群推荐的产品。这种购买行为其实是对社群长期信任和依赖的结果。因此,社群定位时淡化功利性至关重要。在明确目标用户后,社群应坚持垂直化发展,持续增强用户的归属感。同时,在运营社群过程中,企业要保持初心,确保社群的文化和氛围始终如一,避免过度商业化导致社群"变味"。

6.2.2 选择社群模型及平台

明确社群定位后,B2B企业需要选择社群模型及运营社群的平台。在《用户共创:社区赋能产品实战手册》中,约诺·培根将社群模型分为消费者模型、拥护者模型和协作者模型三类。

1. 消费者模型

以消费者模型为基础的社群类似于粉丝俱乐部,即将用户聚集在一起,用户分享想法和观点,展示自己的作品。消费者模型利用了"霍桑效应",即人们在意识到自身受到观察或关注时,会有意识地改变一些行为。在以消费者模型为基础的社群中,用户通过参与讨论、分享经验提升自己的声誉、打造人设,获得成就感。

2. 拥护者模型

以拥护者模型为基础的社群会培养出一群拥护者，他们通过支持社群成员实现自身的成功。在该类型社群中，拥护者会以自己的方式帮助其他成员，获得他们的认可和尊重，并给予其回馈，形成良性循环。

3. 协作者模型

以协作者模型为基础的社群拥有较为完善的内容创作体系。其提供统一的协作工具、指导手册，制定简单明了的成员评估标准，提供公平的竞争环境，助力社群成员自主创作内容。B2B 企业能够根据成员的工作方式灵活调整协作体系，以便社群成员共同进步。

以上是三种社群模型，B2B 企业可以根据自身的业务属性进行选择。

目前常见的社群运营平台包括但不限于微博、微信公众号、TikTok等。B2B 企业可参考表 6.1，结合平台优势、自身业务属性和运营能力进行选择。

表 6.1　常见社群运营平台

平　台	特　点	运营重点
微博	快速发言，公开阅读，粉丝效应显著	（1）直接搜索目标群体，私信联系 （2）带上微博热门话题，宣传社群特点、主题、价值观
微信公众号	内容精准，排版精美，粉丝积极性高	（1）标题鲜明、有特点 （2）设置微信"小尾巴"，即在内容最后说明社群的主题、风格、近期活动及联系方式 （3）在评论区与粉丝积极互动
TikTok	短视频、直播是近年来吸引粉丝的重要渠道	（1）确保视频与直播质量，严禁低俗内容 （2）多浏览同类视频的评论区，留下社群联系方式

综上所述，B2B 企业要根据自身业务属性和运营能力，选择合适的社群模型及运营平台，以留存更多客户。

6.2.3　识别客户线索，挖掘客户需求

B2B 企业搭建社群的最终目的是盈利。想要让社群成员为企业的产品买单，企业还需要挖掘成员需求，在满足需求的过程中筛选社群成员，从

中识别能转化为客户的目标成员。根据进入社群时间的长短，社群成员的需求主要分为三类，下面逐一讲解。

1. 短期需求

社群创建初期，成员之间彼此陌生，因此比较拘谨，很少有人会主动在群里发言。此时，B2B企业要用"干货"和"互动话题"活跃群里的氛围。"干货"就是实用的优质内容、行业报告、数据分析报告、白皮书等。

在活跃社群氛围后，企业可以筛选社群中的活跃成员，记录其基本信息和行为，判断其是否有可能转化为客户。

2. 中期需求

社群成员的中期需求主要有帮助需求和社交需求。所谓帮助需求，就是成员希望在社群内提出问题、寻求帮助时，能有人在第一时间给予自己反馈。无论能否解决问题，及时回答都代表了社群对成员的重视。所谓社交需求，就是成员会在社群中自发寻找与自己兴趣爱好一致或类似的成员，频繁与其互动。

为了满足成员的中期需求，企业要积极开展一系列活动，根据活跃程度对社群成员进一步细分，并予以差异化奖励，凸显成员的个人价值，增强其荣誉感和归属感。对于活跃度较高的成员，企业要重点关注，深入了解其偏好，评估其能否转化为客户。

3. 长期需求

很多社群成员都希望通过社群实现自我价值。B2B企业可以与核心成员私下沟通，让其参与社群管理，进一步提升核心成员的参与感和信任感。在沟通过程中，企业可以着重了解其需求，适时推广产品或服务，以将其转化为客户。

综上所述，B2B企业想要利用社群盈利，需要先了解社群成员在不同时期的需求，不断了解并筛选社群成员，从中挖掘销售线索，将成员转化为客户。

第 7 章

品牌 IP 构建：三维 IP 矩阵

B2B 企业构建品牌 IP 是一个比较新的概念，但是在互联网营销领域，IP 打造已经不是新鲜事。B2B 企业需要向互联网企业学习的不仅是技术，还有流量传播背后的客户思维及关注客户体验的底层逻辑。构建品牌 IP，可以快速帮助 B2B 企业提升行业影响力，进而形成有效的商业转化。

7.1 打造 B2B 品牌 IP 的底层逻辑

B2B 品牌 IP 化能够使 B2B 营销重心从产品转移到客户。因为产品代表的不仅是物理属性，更代表着背后的服务、解决方案以及组织能力等。B2B 企业已习惯用产品描述等理性表达的形式来达到快速成交的目的。然而，在竞争日趋激烈的环境下，过去的营销表达形式与逻辑已然失效，更加个性化、情感化、IP 化的表达形式使企业更容易形成差异化优势，进而提升竞争实力。

另外，只用理性的逻辑表达来影响目标客户群体是不充分的，基于深层次需求的感性输出具有更长远的影响力。不论是人物 IP、组织 IP 还是产品 IP，在 B2B 营销领域都要有真实性、专业性、可靠性。

7.1.1 真实是所有信任的基础

提及营销 IP 化，很多人首先想到的是精彩的故事情节、夸张的描述方式。诚然，故事的跌宕起伏可以给人们留下更加深刻的印象。然而，故事的有效性并非全然体现在叙述方法和巧妙构思上，故事本身是陈述事实的一种更高明的方式，让原本就存在的事实变成"可以实践的智慧"。

营销策划企业的存在就是为了把事实变成"可以实践的智慧"。术业有专攻，B2B企业可以把专业的事情交给专业的团队来做。我遇到的很多B2B企业营销负责人，都不清楚什么样的真实内容属于可用于创作的基础素材。

首先，关于真实个体的思考与观点，本身就是事实。我们不从绝对正确的角度上去考量，而是突出所思所想及结合起来的行动、阶段性成果、迭代性过程，哪怕是阶段性失败的经验，都是非常值得一读甚至难忘的事实。

其次，关于组织发展的真实历程，不能只有快速发展，还要有曲折、困惑、分歧甚至曾经走过的弯路、看似不可能完成的任务、环境的极大变化引发的挑战等。当然，还有企业面对成功或失败的状态、思考、行动和收获，对于过程的真实描述，比成功与否更加引人入胜。

那么，什么是关于产品的真实呢？是尺寸、功能、参数吗？这些当然是真实存在的，因为这些代表了产品的具体形态，是真实存在的物理属性。只是这些"真实"很难引人注意，更谈不上引人入胜。

除此之外，与产品相关的"真实"还有哪些呢？

产品因何而生，研发产品的初衷，产品参数迭代的原因，甚至是研发新品背后真实的故事，特别是一开始失败、多次试错才成功的故事，都是与产品相关的"真实"。

B2B行业的很多产品均是根据客户的需求进行专业定制的，如何理解客户需求，一次次修改整体解决方案，以达到甚至超越客户的期待，则是更有价值的"真实"。

事实上，很多B2B企业习惯了过去的营销、销售形式，对身边发生的"真实"进行"选择性忽略"，一叶障目，进而错过很多正在发生和已经发生的真实素材。

7.1.2 专业是品牌的价值内核

专业这一特质在B2B领域是尤其重要的。我遇到的很多垂直领域的

B2B 企业家都以专业为标签，将专业作为自己和企业的核心代名词。

我接触过很多 B2B 企业，它们的发展历程和当下的健康度都足以说明，专业是助力它们在过去和当下取得辉煌成就的核心原因之一。

我遇到过两类 B2B 营销者，他们几乎是两种极端。一类 B2B 营销者担心因过度标榜"专业"而导致交付时客户不满，因此他们用谦逊、含蓄的方式表达自己的专业。另一类 B2B 营销者则是时刻担心不能突出专业性，因此不断堆砌专业名词和数据，导致营销内容变成"科研资料"，忽略了采购决策链中一些参与人员有决策权但没有很高的专业度这一问题。有趣的是，过于专业的理性内容往往更能吸引行业内的潜在竞争对手，而非客户。

真实和真相会激发信任感，而信任是 B2B 营销能成功的基础。信任本身是一种感受，也是一种青睐和好感。真实之外，专业也可以是一种感性的认知标签。客户如果信任和自己交流、沟通的 B2B 企业，不仅会认可其提供的见解和专业建议，还会认可其品牌，成交的概率和效率很高，合作过程中的协同程度也很高，最终形成良好口碑和很高的忠诚度。

在专业度的体现上，除了已知的硬性条件之外，企业也可以关注自身是否符合或超越行业标准，甚至创造出新的行业标准。此外，一些 B 端客户会了解 C 端客户对企业的评价，从而以此反推，了解 B2B 企业的资历、实力，评估其是否符合自己的采购要求。

在社交媒体时代，知识传播变得很迅速和便捷，通过社交媒体购买知识付费类产品，已然成为一种快速获取某些知识和技能的途径。那么，B2B 企业能够让更多客户感受到自身专业性的方式，就是把自己专家的身份调整为教育者的角色，把专业的知识通过有趣的解读方式分享给更多潜在客户。

7.1.3　信任是专业的价值趋同

拥有真实和专业两个特质，B2B 企业就可以获得客户的信任和青睐吗？这还远远不够。承认不足，并且努力改善，B2B 企业才能获得客户的青睐，客户的忠诚度才会更高。

　　明白客户所思所想，企业才能传递与客户关联度高的信息。认真倾听、深入洞察客户的需求，并且用客户习惯的形式为其提供建议，也是企业与客户建立信任关系的要点。

　　信任还来自利他性，也是真善美这个哲学话题中的"善"。当今社会，公众对企业道德与奉献精神有着更高期待，企业文化备受关注。有趣的是，很多人都能敏锐地分辨出真实的利他、无私的奉献、真实的共情和虚伪。这种判断无须证明，只需感受。

　　利他性的体现形式很多。我们会感谢帮助过自己的人，对于一个品牌、组织来说也是同理。企业能在关键时刻挺身而出，为社会提供支持和帮助，企业就能获得好的口碑和声誉，客户对其的忠诚度会更高。

　　B2B企业往往是在某个细分领域深耕多年的专业型组织，可以全身心地投入产品、技术研发与创新。它们不仅关注如何推出超越客户期望的产品，更致力于解决行业内的棘手难题，以彰显其在行业内的领先地位。与此同时，它们也高度重视商业道德和社会责任，积极开展社会公益活动，向社会传递企业的价值观和愿景。对于B2B企业而言，这些都是能够展现自身的勇气、魄力与坚持的营销点，更容易引起客户共鸣，赢得信任。

　　此外，信任还来源于企业能够把复杂、专业的事务简单化、形象化、趣味化。企业为此而做出的努力，不仅展现出其对这些问题的重视，更彰显了其在实践中的创新与智慧。简单、幽默、趣味，是专业这一特质更高级的展现形式。

　　信任的建立是一个点滴积累的过程，如同个体间一次次接触的印象叠加。初次信任往往源自品牌形象、产品设计、核心人员及营销内容的展示。随着企业规模的扩大，建立独特的企业文化显得尤为重要，因为企业文化能体现出企业所具有的利他、真诚、人性化等美好特质。

　　而再次传递的信任需要展现企业在某一细分领域的持续奉献与投入，包括不断超越标准、挑战现有规则以及践行使命的成果。这些努力将加强真实、利他、专业的品牌形象，使企业更容易赢得客户的长期信任与支持。

7.1.4　可靠是持续合作的前提

在现实中，很多人都会说华丽的辞藻，过分夸大承诺，但是真正能做到的寥寥无几。这一现象在商业领域也存在——真正可靠的企业很少。

将"可靠"这一品质赋予企业，它不是一个空洞的标签，而是需要企业拥有实实在在的成功案例作为支撑。这些成功并非偶然，而是企业深刻洞察成功之道，并将这些方法贯穿于整体的战略、经营、管理和流程之中。正因如此，企业的成功能够不断在内部复制，持续自我进化，实现自我迭代。

企业要想具有"可靠"这一特质，就要拥有完善、强大的组织力。企业的组织力体现在很多方面：品牌市场部如何通过精心策划，让 B2B 品牌在初次接触时就赢得客户的信任与好感？客户交付和服务团队是如何传递出以客户为中心的人文关怀和利他精神？销售团队如何以真诚、专业和乐于奉献的态度赢得客户的信赖？各个团队之间如何高效协同，形成完美的闭环？

企业在短期内的可靠往往依赖于核心人物，如业务精英、创始人等，然而，要实现持续且可以泛化的可靠，则需要依赖基于企业文化的组织能力建设。这种从依赖个体到依赖整体组织力量的转变，不仅是企业向行业领军者迈进的重要标志，更是其拥有持续可靠性的具体体现。这种转型象征着企业从单个的"武林高手"逐步发展为整个行业中的"第一门派"，展现了企业稳健、可持续的发展态势。

7.2　多维度打造 B2B 品牌 IP

B2B 品牌 IP 不是只有一个维度，而是至少有三个不同的维度，基于这三个维度还可以延伸出更多维度，从而形成品牌 IP 矩阵。品牌 IP 矩阵旨在通过不同维度的 IP，精准触达不同核心的渠道和平台，以提升品牌影响力。这种影响力的传递不仅注重深度，更强调广度，如同一个同心圆，由内而外不断扩大影响范围，最终构建起多层次的品牌生态。

7.2.1 核心人物IP：创始人的思想领导力就是品牌

无论是C端企业还是B端企业，产品最终都面向消费者。如果B2B企业的产品可以直接面向C端，那么B2B企业可以同时开展B2C业务。C端业务利润更高，而且，直接面向C端，有助于企业更深入地洞察消费者的需求，进而提升团队应对市场变化的敏捷度。

即便产品完全面向B端，企业也需要通过不同途径深度了解B端客户的客户（C端用户）。这是企业战略洞察不可或缺的一环，也是一项需要持续投入的战略工作。

如今，越来越多的创始人开始走下"神坛"，积极学习"网红"模式。所谓"真相在一线，高手在民间"——市场需求不断变化，B2B企业需要深度连接消费者和客户群体，以更好地适应客户需求的变化。创始人亲自下场，对于B2B行业来说有着变革性的意义。

大多数B2B企业创始人出身于产品经理或资深业务经理，他们擅长精准出击，但可能不太适应暴露在公众视野下。然而，在当今时代，B2B企业创始人打造个人IP具有多重益处。

（1）以个体能力牵引出组织能力和产品能力，使品牌传播更具真实性和吸引力，消除消费者的防御心理，提升信息传播效果。相较于企业向客户推送的品牌宣传内容，客户更倾向于在搜索行业专业相关内容时，欣赏一个专业个体的独特观点与思考过程，进而自然地接纳这些观点和经验。

（2）更贴近客户群体及C端群体，B2B企业创始人的想法、观点可以与更广泛的行业群体碰撞，有利于发现创新点和机会点。

（3）在B2B客户的关键决策群体中，管理层往往拥有最高决策权，如企业CEO、创始人等。了解客户管理层群体的想法，并通过传播专业内容与其进行良性的互动，能够提升B2B品牌的影响力。

（4）创始人通过打造个人IP亲自参与品牌建设，能发挥以身作则的领导垂范作用，加速整个组织的变革进程，是B2B企业品牌营销变革成功的关键。

B2B 企业创始人 IP 可以围绕哪些方向来打造呢？可围绕行业思想领导力、产品思想领导力和组织思想领导力三个方向。创始人可以根据自己真实的专业能力选择侧重点，也可以三个方向都涵盖，关键在于要输出真实观点。从形式上来说，不擅长出镜和言辞表达的创始人，可以使用图文输出的形式，降低打造个人 IP 的门槛。需要注意的是，在打造 IP 初期，创始人不必追求完美，重要的是持续进行。

7.2.2　实力组织 IP：基于客户价值创造的组织实力

优秀的领导者能够培养出优秀的团队，而产品是团队集体智慧的结晶、是创新的产物，真正令人瞩目的不是产品本身，而是背后杰出的创意以及团队将创意付诸实践的组织能力。创始人 IP 代表了行业中不断创新的精神和领先的思想，而组织 IP 代表着让这些伟大想法落地的强大能力。这种能力可以不断迭代和进化，最终形成 B2B 企业特殊的品牌力。

如何塑造出一个实力组织的 IP 形象？如何呈现基于客户价值创造的组织实力？我建议，从企业成就和企业信念两个维度进行呈现，见表 7.1。

表 7.1　实力组织 IP 的呈现维度

企业成就的呈现维度	企业信念的呈现维度
企业的战略机会	企业价值观的案例、故事
产品的核心优势	企业与众不同的宏观趋势和积极的观点
核心技术资产	企业集体精神的故事与案例
行业的突破性创新	企业的社会资本（通过信念所取得的社会地位、行业荣誉、规模、资产等）
组织崇高的思想	通过信念不断累积的嵌入性知识
业务最佳实践的描述	企业美好的愿望（企业文化、使命、愿景）
积极的团队氛围和人员状态	企业的联盟及伙伴关系的发展
集体创造的组织智慧	企业的核心价值链优势
组织核心的能力（分维度）	企业的关系资源
行业发展的趋势洞察能力	客户口碑及客户忠诚度的体现
组织的管理力、领导力、变革力	

这两个维度并非相互独立，而是互为因果。信念是因，成就是果，成就可以夯实信念，最终形成正向循环。

7.2.3 拳头产品 IP：优秀组织持续创造的专业产品

创始人 IP 和实力组织 IP 代表了精神与追求，而产品 IP 是精神与追求的物质载体。在物质丰盛的时代，产品具备划时代的创新意义，能够改变人们的生活方式，才能在竞争激烈的市场中脱颖而出。

B2B 企业打造产品 IP 需要注意以下几个要点：

1. 明确拳头产品，重点推广拳头产品

这涉及产品营销推广时注重深度还是广度的问题。就我目前所拥有的项目实践经验来说，B2B 企业的客户普遍看重企业解决问题或满足需求的能力，而不是单一的产品。专业、垂直、精准的品牌形象和聚焦核心产品线有很大的关系。

想要体现专业能力的权威性，企业要懂得取舍和聚焦。客户在初期筛选合适产品或企业时，能记住的信息并不多，因此，能提前帮助客户去重，做好信息过滤，帮助客户记住关键产品及关键信息，是企业进行产品营销的重点。

2. 结合组织要追求的终极使命和意义来体现拳头产品的优势

产品是组织能力的体现，更是组织精神与追求的载体。产品性能、功效、参数的呈现方式是无趣且单一的。

企业要结合长期追求、持续经营、企业文化、客户痛点等要素，体现拳头产品的优势，进而突出自身在某个细分领域的追求和坚持。这样的产品更能赢得客户的好感及信任，激发客户的购买欲望。

3. 结构化展现产品

如果以故事形式展现产品，那么 B2B 企业要避免"自以为是的高明"，避免"专业术语堆砌"和"长篇大论"。过度的专业化和复杂性往往会增加客户的阅读难度，反而会削弱品牌的亲和力。

真正的专业，是用通俗易懂、生动有趣的语言，将产品的核心价值和优势传递给客户。当然，如果故事情节跌宕起伏，那么长度和内容复杂度就不是问题。

4. B2B 的核心是个性化＋定制化

过于标准化地呈现产品，在一定程度上会降低客户深度沟通的欲望，当然，产品力极度突出的除外。每个客户，特别是高价值客户，都希望得到个性化、定制化的服务。

B2B 企业想要让客户觉得自身与众不同，那么首先要让客户觉得，自己与其他客户相比是与众不同的。通过分享成功案例，B2B 企业不仅可以证明自身拥有丰富的经验和成熟的方法论，还能向客户展示每一个项目都是高度定制化和个性化的。这样有助于企业避免陷入低价竞争，同时能够提升品牌价值和客户忠诚度。

综上所述，通过打造拳头产品 IP，企业能够将自身的产品优势与精神追求相结合，植入客户心智，进一步加深客户对品牌的记忆。

7.3 如何快速提升 B2B 品牌 IP 影响力

有了创始人 IP、实力组织 IP 及拳头产品 IP，B2B 企业就可以进行多维度、多渠道的矩阵式营销。那么哪些形式或方法可以相对快速地提升 B2B 品牌 IP 的影响力呢？在操盘 B2B 品牌营销项目中，我总结了一些有效的经验。

真实的营销大事件、"数字化＋场域化"的 O2O 营销闭环以及不同品牌的多 IP 矩阵，可以快速形成以行业精准人群为主的同心圆流量扩展态势，进而提升企业的品牌影响力。

7.3.1 用 C 端的逻辑打造 B2B 品牌营销大事件

B2B 企业可以直播吗？B2B 创始人可以主持一场行业论坛吗？B2B 企业的产品适合开一场发布会吗？

提及品牌营销大事件，很多人脑海中浮现的是 C 端品牌花样百出的营销形式与事件，而能想起来的 B2B 企业寥寥无几。难道是 B2B 企业不适合进行 C 端营销吗？

我的经验是，过去的 B2B 市场环境更需要 B2B 企业做客户背后的推手，而不是主动走到台前。而如今，市场环境发生变化，企业不仅需要让客户了解并信任自己，甚至还需要让客户的客户了解并信任自己。B2B 企业不仅要让客户加强信任，同时也要深度洞察客户和市场，为后期同时开展 C 端业务提前布局。

B2B 企业可以借鉴 C 端品牌开展的营销大事件，以不同形式将其呈现出来，二者在客户群体、侧重点等方面存在差异。B2B 企业更需要借鉴的是 C 端影响受众及行业的营销逻辑——它们敢于也更愿意发出自己的声音。

忠诚度及黏性在一定程度上来自"粉丝效应"，而这种效应与大事件密不可分。人的行为往往会受到环境的影响，而大事件就是 B2B 企业为自己量身打造了一个独特的营销场域。

7.3.2 利用线下实景场域打造 O2O 品牌营销模式

在 B2B 营销渠道变化过程中，互联网技术高速发展提升了营销的体验感，也推动 B2B 营销走向注重体验设计、品牌影响力的方向。互联网技术让客户对 B2B 营销的内容和形式有着更高的期待，同时使他们的注意力变得碎片化。

通过单一渠道触达、影响客户心智并且形成高效转化的时代一去不复返。一些 B2B 垂直赛道的企业觉得自己足够垂直细分，因此仍采用传统的营销模式。但事实是，这种变化势不可当，没有哪家企业能置身事外。

从 B2B 客户的购买旅程来看，客户群体在初期、中期、后期不同阶段，利用互联网技术进行信息收集、差异对比、初步筛选、鉴别方案、选择方案、细节评估以及最终购买。这已经成为他们的一种习惯。不仅如此，客户还会结合真实场域对信息的真实度进行确认。

面对繁杂的信息，客户的决策周期可能会延长，但数字化与真实场景的结合已成为必然。企业可以通过线上渠道精准地传递关键信息和感受，同时利用线下场景真实展现这些关键点，实现线上线下的统一。通过这种方式，企业不仅能提高成交的概率，还能提升营销效率，从而在激烈的市场竞争中脱颖而出。

7.3.3 多平台多 IP 强矩阵形成定向同心圆流量态势

在详细解读不同平台的 IP 矩阵及同心圆流量之前，我们有必要把这些复杂的概念拆解成几个部分，以便更好地理解不同平台上的流量变化趋势，进而回归 B2B 本身的营销业务目标。

1. 社交媒体营销传播的路径变化

社交媒体本质上是承载内容的平台，这些内容以文本、图片、视频等不同形式呈现。这些内容由无数的潜在客户参与生成，而企业通过输出内容为这些潜在客户提供更多价值与灵感。

在传统营销模式的基础上，企业通过社交媒体所形成的营销传播路径产生了极大的变化，进而出现了"病毒式"传播及更广泛的互动模式，如图 7.1 所示。

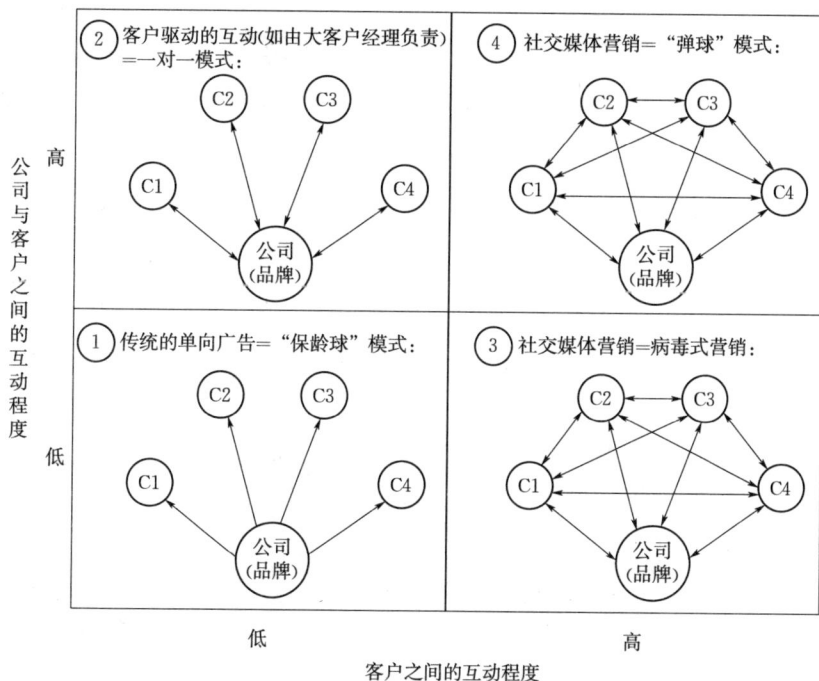

图 7.1 企业通过社交媒体所形成的营销传播路径

对于 B2B 行业来说，传播的广泛性不是最重要的，垂直行业及相关行业的影响力更为重要。不过，社交媒体营销的传播可以帮助企业更好地提升营销效率，提升专业背书的信任程度。

2. 单个三维 IP 的同心圆流量态势

B2B 品牌需要打造三维 IP（核心人物 IP、实力组织 IP、拳头产品 IP），与目标客户群体互动，完成初步接触，建立互相信任的关系。以 B2B 企业常用的社交媒体平台为例，展现三维 IP 矩阵逻辑，如图 7.2 所示，以及流量态势的变化，如图 7.3 所示。

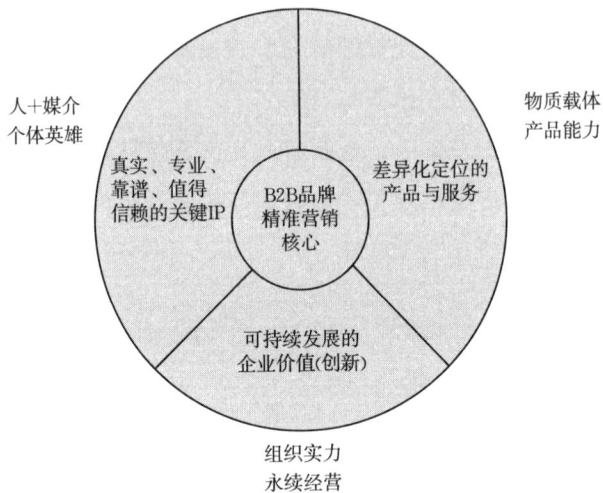

图 7.2　三维 IP 矩阵底层逻辑

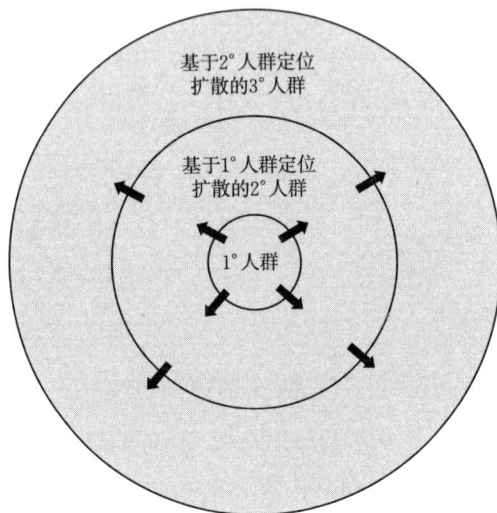

图 7.3　流量态势的变化

B2B 行业的营销传播需要重视垂直影响，而非简单地广泛传播。某些专业平台上流量的垂直影响力和基于精准人群的定向触达、传播和扩散更为重要。在专业社交媒体平台上，基于三维 IP 矩阵的模型流量会呈现同心圆扩散的态势。

3. 多平台多 IP 的矩阵流量搭建逻辑

根据企业的营销目标、产品所涵盖的目标客户群体以及企业对营销投入的资源差异，流量矩阵搭建的逻辑也会有所不同。有的企业会选择搭建社交媒体平台矩阵，而有的企业会选择针对单个平台实现多 IP 垂直突破。

总而言之，在平台选择上，根据行业属性不同，企业要选定一个精准的平台进行主要的运营与投放，并结合其他流量平台影响相关受众，避免单一平台过于垂直而漏掉其他流量机会。此外，潜在客户群体在社交媒体上的活动状态也是多平台、多模式的。潜在客户可能在多个平台上拥有不同的账号，在不同平台上有着不同的身份。

第 8 章

内容营销：B2B 品牌传播的关键载体

就 B2B 企业而言，品牌营销渠道贯穿整个客户旅程，是企业获得市场竞争力和客户资源的重要因素。然而，获得客户浏览量、曝光流量需要高昂的成本，如何打造有吸引力的营销内容，通过内容吸引客户、开拓客户市场成为 B2B 企业应解决的重点问题。优秀的内容营销可以帮助企业在激烈的市场竞争中脱颖而出，树立良好的外部形象。

8.1 基于品牌定位与 IP 矩阵特点制定内容策略

多数 B2B 企业会根据营销漏斗的逻辑来设计内容营销的方法与策略，似乎只有这样才能达到内容和效果的统一。这在逻辑上没有问题，但是在实际操作中会出现内容选题、表达形式与创意的趋同，很难体现差异化的吸引力。

企业可以基于品牌定位及 IP 矩阵的特点来定制内容策略，围绕定位和差异化优势进行内容营销，以终为始保证营销方向正确与策略稳步执行，最大限度地保证内容和效果的统一。

8.1.1 核心人物 IP 内容策略：聚焦个体的思想领导力

如今，AI 技术得到广泛应用，B2B 营销的内容甚至可以由 AI 创作。不过，从目前的最终体验感及真实创作的过程来看，作为工具，AI 是极其优秀的，其可以提高创作效率，为营销创意补充很多的专业知识。但是，AI 创作的内容缺乏深度、细腻和前瞻性，同质化现象较为严重，很难持续吸引受众的注意力，使其对企业保持好奇心。

当海量且重复度高的内容充斥整个互联网时，人们更容易关注那些新鲜、有深度、有广度、独立、原创甚至是相反的观点。这样的内容能够帮助 B2B 企业在激烈的竞争中脱颖而出。

个体的声音、观点可以有效帮助品牌提高信任感，使其将人性化的一面展示给受众，让真实、专业、靠谱的标签深入人心。

核心人物的 IP 内容策略有三种类型，而这三种类型并非只能选择其一，而是可以充分交叉，最终达到 1+1 远大于 2 的效果。当然，企业可以选择最有把握、最擅长的领域入局，开始第一步之后不断升级迭代策略。

1. 行业思想领导力

营销内容主要是对行业趋势的个人见解和观点解读，可以分析所在垂直行业的资讯、走势及决定因素等，需要企业有自己独创性的观点、思考或洞见。例如，展示创新的企业行动，聚焦一个行业痛点而产生新的解决方法，发现新的行业机会甚至是如何避开一些行业"大坑"。

正确与否不是关键，百家争鸣、百花齐放才是重点。另外，真实的思想流露比一切看起来正确、高大上的内容都更加吸引人。

2. 产品思想领导力

营销内容主要是对产品或服务的个性化解读以及展示成功实践，可以让客户明白产品或服务是如何帮助自己实现目标、推动行业变革发展的。

从产品研发设计的初衷到产品落地的最佳实践，从产品的战略规划到产品的使用指南及服务建议，从具体事件到理念解读，都可以真实、专业地体现产品背后的组织能力，能够激活潜在客户，使其产生进一步合作的意愿。

3. 组织思想领导力

营销内容主要是企业的核心管理者/创始人对创业、企业管理、企业文化、团队打造、人才发展的思考及落地实践，从个体的角度体现出整个组织的使命、愿景、价值观、创新力和核心差异化优势。

通过点、线、面的故事形态，深入浅出，让受众愿意深度了解企业，并且提前植入合作成功的预期。当然，在描述时需要注意分寸感，把握真实、靠谱的程度，以免过度提高期望值，反而降低了客户合作时的满意程度，导致合作出现问题。因此，组织思想领导力内容的个性化描述需要与企业真实文化保持一致。

在核心人物IP的内容创作上，B2B企业可以从这三种策略中汲取灵感，从最擅长的角度出发，逐步扩展内容形式，构建完整的核心人物IP。

8.1.2　实力组织 IP 内容策略：聚焦企业的组织发展力

从个体到组织，在内容策略上是完全不同的。因为个体吸引的要点在于独树一帜，其正确程度不是企业优先考量的，个性化、差异化、故事化才是重点。这能降低受众的防御性，提高其对内容的接纳程度与参与程度。

作为企业整体实力的关键证明，组织IP的内容相对"官方"一些。个体的优秀或许是偶然，而一个组织的优秀一定是基于一系列科学且可持续的管理流程与特殊的企业文化，才能给潜在客户带来可靠、值得信赖的感受。

组织IP的内容策略会聚焦企业的组织发展能力，企业可以结合营销漏斗更为直白地展示相应内容，更好地实现营销不同阶段所需要的效果。

组织IP的内容策略围绕"为什么""是什么""怎么做"三个核心架构，越接近客户需求及满足客户需求，越能体现企业的竞争力。同时，内容形式要多样化，并且结合感性的内容输出，见表 8.1。

表 8.1　不同阶段的组织 IP 营销内容

目标阶段	目 的	内容形式
认知	触达——引发客户关注与共鸣	信息图、短视频、社交媒体文章、白皮书
考量	培育——建立信任，增加好感	案例研究、线上/线下研讨会、产品介绍、使用手册
转化	获取——展示价值、影响力与说服力	成功案例、demo演示、客户背书、专业顾问服务

在受众触达阶段，由于要影响受众对组织的基本认知，并且进一步提升品牌声誉，企业需要引发客户的共鸣，因此以感性表达的内容为主体。

品牌价值观、使命、愿景、创新力的具体体现（技术、产品、理念等）、基于企业文化的个体故事、高层访谈等都是不错的话题。

在受众培育阶段，企业要激活潜在客户深度沟通的意愿，因此以理性的表达形式为主，类似于"摆事实、讲道理"。内容形式包括但不限于基于整个行业发展的个性化报告、典型案例的研究、基于业务发展或市场洞察的研究性输出、专业的互动内容、行业的研讨会、产品的技术性解读等。

在目标客户转化阶段，企业以客户转化为核心目标，成功案例的故事化输出就很重要。只是基于 B2B 的许多业务形态，多数客户会要求保密，那么案例的展现形式就更需要"犹抱琵琶半遮面"，同时还能佐证其真实性。

此外，所有值得庆祝的事件（直播活动、展会活动、企业活动、员工活动、新品研发与上线活动等）、客户背书（实名反馈、匿名反馈、C 端客户群体应用效果展示、业内专家背书等）、常见问题解答（frequently asked questions，FAQ）内容（B 端客户痛点、C 端客户痛点、普适性知识科普、专业知识解读科普等），以及专业服务支持（客户服务故事、客服服务流程、客户问题解决流程、基于客户需求的专业服务价值解读等），都是企业可以在目标转化阶段向客户传递的内容。

8.1.3　拳头产品 IP 内容策略：聚焦产品的核心竞争力

在营销过程中，虽然讲解产品信息是不可或缺的一环，但营销并非仅局限于此。如果只是单纯地介绍产品，说明企业假设所有受众均有明确的采购需求，只需要通过产品的细节对比来评估是否要进行具体采购。这个基本假设会让企业失去更多的潜在大客户，并且还可能失去已经有一定兴趣的目标客户。

究其原因，B2B 的业务形态决定了其基本的产品配置会根据客户实际的需求，进行方案匹配或个性化定制，而这种能力本身是可以获得客户青睐的。那么，产品展示应该是让客户相信企业整体的实力很强，可以提供整体的解决方案，并且可以提供"惊喜"的方案和服务。基于这个逻辑，产品呈现应当"抛砖引玉",需要激发客户进一步沟通的欲望。

首先,B2B 企业不能把所有的产品都展示出来。企业需要明确,产品并非一个具象化的物理属性的产品,而是基于客户需求、市场需求的一整套解决方案或供应链能力。以该理念为基础,B2B 产品可以千变万化、无穷无尽。过多地呈现产品内容,无法给予客户好的阅读体验,进而很难让客户产生想进一步了解的兴趣。

企业应先展示基于客户痛点的拳头类产品,进而展示基于行业变革的概念类产品。

其次,企业需要关注产品的呈现形式,对其进行结构化、逻辑性的整理。最终目的是突破核心,让客户一眼能够看清楚核心产品的分类逻辑,清楚企业擅长哪几大类的产品。

最后,企业要关注产品呈现时的核心内容,即产品的使用方法/独特卖点解读:外观设计、结构造型、核心创意、文化理念、生产工艺、材料特性、包装特点、检测标准、使用方法、注意事项等。

8.2 基于 B2B 客户旅程的内容形式与内容方向

作为企业的宝贵财富,客户能够推动企业的业务不断向前发展。客户旅程是一个漫长又复杂的过程,任意一个小的细节都对品牌和企业有着重要的影响。内容逐渐成为企业与客户之间进行沟通的第一道门,客户对内容的要求也越来越严苛。企业需要提前了解客户旅程,分析出不同阶段客户对内容的期待,以制定阶段性的应对方案。

8.2.1 明确客户旅程及关键触点

客户旅程是企业了解客户阶段性需求和进行企业管理的重要工具,绘制一份合适的客户旅程地图,有助于企业有效洞察客户的真实要求及其在不同的触点、场合下的想法,并在营销的过程中兼顾客户的体验感。客户旅程通常分为以下五个阶段:

1. 意识阶段

在该阶段，客户初步接触并了解品牌和产品。对于企业来说，此时的重点是打造良好的品牌口碑和形象，提高品牌知名度和曝光度。企业可以通过在社交媒体、搜索引擎上投放广告的方式进行宣传。

2. 考虑阶段

进入考虑阶段意味着客户已经对企业的品牌有了初步的认知，开始考察产品的更多细节和具体情况。在对产品进行对比评估时，客户会着重考察产品的功能、质量、价格、用户评价等。因此，企业可以采用产品演示、个性化推荐、提供具体案例等方法，让客户明确产品的优势和详细信息。

3. 购买阶段

经过考虑阶段，如果对产品没有疑问，客户就进入购买阶段。B2B 企业可以通过对客户需求的理解与分析以及对目标市场终端客户的分析，提供多套基于客户核心诉求的解决方案，为客户提供多种选择。这不仅能增加采购频次，还能提升 B2B 客户的购买体验。

4. 使用阶段

交易完成并不代表客户旅程结束，拥有长期客户，企业才能稳定发展。在客户使用产品过程中，企业需要更加重视客户体验，通过定期回访、满意度调查等方式，提升客户体验。同时，企业要完善售后服务和技术支持，确保客户使用产品过程中的问题得到及时解决，为提升客户忠诚度奠定基础。

5. 忠诚度阶段

经过前四个阶段，客户便有可能成为企业的长期客户，这有助于企业品牌的持续传播。在此阶段，维持客户满意度、促进再次购买和口碑传播成为重中之重。企业可以通过提供优质的售后服务、定期沟通等方式来留住忠诚客户。

综上所述，明确客户旅程的每个阶段，深入了解客户在不同阶段的行为偏好，并据此制定针对性的营销策略，企业就可以实现精准营销，显著提升营销效果。

8.2.2 基于营销漏斗的内容方向

作为一种营销工具,营销漏斗能够引导潜在客户在购买产品之前经历一些营销环节,并通过不同种类的内容吸引客户完成购买。这有利于将潜在客户转化为长期的忠实客户,在客户心中形成品牌记忆。

效果良好的营销漏斗涵盖客户旅程的所有阶段,包括认识、考量、转化三个部分。对于营销人员来说,完成交易并不意味着结束,而是真正的开始。在构建内容营销漏斗前,企业首先要了解客户的具体情况,绘制客户画像。

营销漏斗分为上、中、下三个部分。

营销漏斗顶部为认知吸引阶段,需要通过有吸引力的内容,吸引潜在客户进入漏斗的顶部,引起他们的兴趣和注意。

营销漏斗中部为培养兴趣阶段。当客户由营销漏斗顶部进入中部阶段,企业就需要利用内容与潜在客户建立连接,为其提供有价值的信息,激发其兴趣,促使其深入了解产品或服务。同时,企业要为客户提供更加具体的方案和内容,辅助客户决策,推动客户购买。

营销漏斗底部为建立信任阶段,在这一阶段,B2B企业需要建立长期稳固的客户关系,提升客户忠诚度和复购率。企业要提供高质量的品牌内容,如专业文章、短视频等,以展现自身的专业化水平,在客户心中树立专业的形象。同时,企业要给客户提供配套的售后服务和技术支持。

例如,某高端割绒面料制造商通过发布绒布在欧美、中国的技术变革历史故事等,在行业专业平台上把精准的客户群体转化为忠实的粉丝。

该公司通过分享定制割绒最终的应用场景及风格变化,帮助目标客户了解公司产品的特点、价值和最终应用的视觉化效果,提高客户对产品和服务的关注度。该公司还针对运输过程中的专业包装、绒布特性与养护、布料与不同家居搭配等方面提供专业的指导和建议,提升客户群体的信任度,有效地刺激成交。

8.3　企业目标决定选题，受众偏好决定形式

在明确内容营销方向的基础上，B2B 企业需要根据当前的业务目标与潜在客户偏好，确定内容选题与内容形式。

一方面，企业的业务目标与其发展阶段紧密相连，而内容选题决定了企业营销资源的倾斜方向。只有以业务目标为导向确定内容选题，企业才能合理配置内部资源，推进业务与组织发展。另一方面，只有了解客户的认知偏好，选择其感兴趣的内容形式，营销内容才能更精准地触达客户，提升客户转化率。

8.3.1　企业营销目标决定内容选题

企业需要根据不同的营销目标，有针对性地制定营销内容。当营销目标为提升品牌知名度时，企业可以根据品牌理念讲述品牌故事，以吸引潜在客户。

大部分企业的营销目标都是提高销售额，针对这一目标，企业可以将品牌的特点、产品的优惠促销活动等作为营销内容选题，以激起客户的购买欲望，拉动销售额增长。

如果企业的市场份额不足或市场前景不明朗，那么其营销目标很可能为开拓新的市场。基于此，B2B 企业要着重根据市场趋势、市场需求以及终端客户群体的使用习惯，设计出相应的产品功能、性能及外观来吸引潜在客户，同时还可以和当地的代理商、中间商合作，充分拓展市场空间。

B2B 企业获得较多客源后，关注点可能就会转向提升客户满意度和忠诚度方面，以拥有长期稳定的老客户群体。此时品牌营销内容就应聚焦于客户反馈、服务体验、解决方案等，以展现企业对客户的关怀和承诺。

浙江某叉车企业在提升客户忠诚度和满意度方面做得非常出色。在该企业产品"出海"过程中，维修率问题引发了 B2B 大客户的投诉反馈。经过多番查询核实之后，企业发现是在确认订单时，销售人员并未主动就正

常的维修比例给出余量的配置建议。基于此，在客户服务及沟通的流程上，该企业进行了内部流程重塑。

通过分析客户数据，该企业实现了产品技术革新，降低了维修率。不仅如此，在正常维修率范围内，该企业不仅提供余量的配置空间，并且制定了关键零部件的匹配方案，对产品维修、零部件更换等提供维修知识普及和一定的售后支持。这有效地提升了大客户的体验和满意度，该企业也赢得了更多战略性合作。

8.3.2 受众群体的认知偏好决定内容形式

社会群体是多样化的，每个人的偏好、需求、特点都有所不同。B2B企业需要根据受众群体的不同类型，进行必要的市场调研。根据受众群体的具体信息，企业要选择个性化的营销内容形式，进而更好地传递产品和服务信息，提高客户的购买意愿。

针对喜欢阅读和文字表达的受众群体，企业可以将文字作为主要的内容形式，在知识平台发布文章。这也被称作软文营销模式。企业通过在文章中插入有关产品或服务的特征、优势等方面的详细介绍，激发受众的购买欲望，进而达成品牌营销目的。

针对喜欢图片、图表等视觉表达的受众群体，视觉感官的刺激尤为重要。企业以图片形式进行营销，要注重图片的趣味性、相关性、创意性以及场景化展示。

随着短视频的兴起，各类短片和广告层出不穷。大多数人都会利用碎片化时间观看短视频以进行娱乐和放松，短视频给大众带来的视觉冲击和记忆影响也更为深刻，能够生动、直观地展示产品或服务的特点和优势。采用短视频形式进行产品营销，不仅内容要有足够的吸引力，更重要的是增强与观众的互动以及保持更新视频的频率。

第 9 章

品牌 IP 深化：形成 B2B 品牌的长期记忆

在这个全面数字化的时代，企业与客户的交流越发频繁，IP 文化盛行。拥有一个令人印象深刻的 IP，能够提升企业的价值，使企业的形象更立体，助力企业更好地实现商业转化。

记忆会影响消费者的决策过程，优质的品牌 IP 能够加深客户对品牌的记忆，客户在购买产品或服务时更倾向于选择自己记忆中的品牌。强大且正面的品牌记忆是品牌价值的重要组成部分，能够帮助企业获得更高的市场地位和商业价值，吸引更多客户和合作伙伴。

9.1 语言钉：强化真实、专业、信任、靠谱的标签

营销战略大师劳拉·里斯提出"一词占心智"的观点，即语言钉。语言钉是指将品牌定位、产品特点或优势以一句朗朗上口的话展现出来。企业需要确保品牌语言在各种渠道和场合中保持一致，加强受众对品牌的认知和记忆，让简单的一句话像颗钉子一样深深钉入客户的记忆。

9.1.1 用 C 端的需求影响 B 端的客户

语言可以唤起人们的情感共鸣，通过生动的故事和引人入胜的内容，企业能够吸引目标受众的注意力，并与其建立情感连接。C 端客户与 B 端客户在需求上是有共通之处的，使用语言让 C 端的需求影响 B 端的客户是品牌营销的一大智慧。

1. 激发客户共鸣

企业要使用贴近受众的语言风格和表达方式,让 C 端客户和 B 端客户都能理解并感同身受,激发他们产生共鸣,进而与客户建立信任关系。企业可以通过案例故事或用户见证,展示 C 端客户对产品或服务的正面评价,让 B 端客户看到实际效果和影响力。

利用 C 端客户的口碑推荐,企业能够传递正面信息给 B 端客户,增强信任,提高认可度,进而激发 B 端客户对产品或服务的兴趣和购买意愿。

2. 搭建人际关系

搭建人际关系,涵盖客户与客户之间的关系、客户内部各部门之间的关系、客户影响力关系等。搭建起客户关系后,企业需要制订与客户接触的互动计划,结合市场调研和行业分析,用专业术语和行业内常用语言向 B 端客户传达 C 端需求的关键点和影响因素。

3. 与 C 端客户联合营销

企业可以与 C 端客户进行联合营销。一方面,帮助 C 端客户提升业务量;另一方面,通过与 C 端客户合作推广,以及 C 端用户亲自讲述使用产品或服务的体验,企业能够吸引 B 端客户的注意,增强 B 端客户的信任。

4. 将 C 端需求转化成方案

企业可以根据不同 B 端客户的特点和需求,采用个性化、定制化的沟通方式,将 C 端需求转化为具体可执行的商业方案和策略。同时,企业可以提供与 C 端客户需求相关的市场数据和趋势分析,让 B 端客户了解市场的需求动态和潜在商机,从而促使其做出相应行动和决策。

9.1.2 突出客户场景＋核心价值

客户场景包括客户面临的问题、需求和解决方案。通过深入了解客户场景,企业可以更好地把握客户的需求和期望,从而提供符合客户实际情况的个性化解决方案。对客户场景进行分析和挖掘,企业可以更精准地定位目标客户群体,优化产品设计和营销策略,提高客户满意度和忠诚度,促进业务增长,实现可持续发展。

了解客户对产品或服务的要求，对 B2B 企业打造品牌 IP、形成品牌记忆至关重要。企业需要在客户描述过程中捕捉客户的疑虑以及关键需求，在此基础上，企业要向客户展示其产品或服务如何满足客户的需求，以引起客户的共鸣和兴趣，让他们感受到产品或服务的实用性。

企业可以通过讲述故事、聆听客户讲故事的方式来突出客户场景。生动的故事和具体案例不仅可以吸引受众的注意力，还能体现企业对客户需求的深入挖掘和产品的专业程度。

以庭院遮阳伞这一产品为例。A 客户是一家房地产商，其向某庭院遮阳伞企业咨询相关产品，希望重新装修收购的一批旧别墅，以更高的价格卖给年轻的客户群体。基于此需求，A 客户向该企业询价，并且想寻求专业建议。

A 客户最初主要关注遮阳伞的遮阳功能，对产品的品质有着极高的要求。该企业对过往 C 端客户群体进行了深入研究，并结合线上电商平台的数据，与 A 客户进行了深入的探讨，剖析了 C 端用户的实际需求。最终，他们明确了市场需求点：美观的设计和酷炫的装饰元素更能吸引现代年轻人的青睐，因为它们能够满足年轻人在庭院中进行拍照社交的时尚需求。

通过客户故事明确客户的核心需求，企业才能有针对性地设计产品或服务，精准地满足客户需求。根据客户的反馈和体验，企业要及时调整和优化产品或服务，持续改进和迭代，确保产品或服务始终与客户需求匹配，实现精细化运营和持续增长。

9.1.3 品牌记忆塑造：专业表达与市场洞察

文字和语言是描述品牌价值观的利器，一篇文章、一句话甚至一个词语都会对品牌 IP 产生影响，改变客户心中的品牌记忆。

B2B 企业对当前市场行情的把握、对行业的了解程度以及自身的专业化程度，直接影响企业打造品牌记忆的专业水准。通过运用专业术语和名词，企业能够展示自身对行业的了解，凸显专业程度，进而有效强调品牌在行业中的地位和价值。

通过分析行业市场趋势和变化，并结合品牌的核心价值观，企业可以撰写文章或者调研报告，指引受众了解行业发展方向，展示自身对市场变化的敏锐洞察和应对策略。结合行业数据和趋势统计，企业可以用数字化语言展示品牌在行业市场中的表现和成就，增强品牌的可信度和说服力。

国内某知名化学企业在 B2B 营销的过程中一直强调技术创新，其"创新铸就卓越"的品牌文化更是深入企业的方方面面。该企业明确目标受众的市场需求和行为特征，有针对性地传递品牌价值观，突出了企业的核心优势及拳头产品的关键特性，制作符合市场趋势和受众喜好的营销内容。

9.2 视觉锤：强化基于 B2B 标签的视觉记忆

视觉锤是指通过独特且易于识别的视觉元素，强化 B2B 企业的品牌形象，传达企业核心信息。优质的视觉锤能够帮助企业在客户心中留下深刻的印象。B2B 企业需要做好行业调研，找准差异化的视觉元素，结合品牌调性设计适合自己的优质视觉锤。

9.2.1 行业调研找准视觉差异化

一个行业里可能有数万家企业。想要让客户被自己的品牌吸引并快速产生记忆，B2B 企业就要强化品牌的视觉差异。无论是色彩还是造型，企业要思考如何以此吸引目标客户的注意，提升品牌识别度。

求"异"应先找"同"。找出视觉差异化的第一步是明确视觉行业属性，即每个行业在视觉表达上约定俗成的特点与习惯。例如，英特尔、索尼、惠普等 IT 企业在早期多用蓝色。随着这些企业不断发展，后来的企业也大多跟随它们的脚步。久而久之，蓝色就成为 IT 行业的代表色。

B2B 企业要明确自己的视觉行业属性。从认知成本上考虑，企业的视觉锤不能完全脱离行业属性，要让客户通过品牌的视觉形象大概感知到企业所处行业，降低认知和沟通成本。当然，如果完全符合行业属性，那么寻找视觉差异化就失去了意义，企业的品牌特征也会流于平庸。

在明确视觉行业属性的基础上，如何进一步挖掘视觉差异化？以上海欧赛斯文化创意有限公司（以下简称"欧赛斯"）的客户——上海朗绿建筑科技股份有限公司（以下简称"朗绿科技"）为例。朗绿科技属建筑行业，聚焦绿色建筑技术研发，是典型的技术导向型企业。近年来，绿色建筑备受关注，朗绿科技希望从技术导向转变为市场导向，打造超级品牌。

针对朗绿科技的情况，欧赛斯采用四情分析法进行行业调研——未来30 年，绿色科技行业将成为市场关注的焦点，而绿色科技行业需要在"双碳"方面有突出表现的企业。朗绿科技在技术研发、绿建规模等方面具有明显优势，应当打造"技术规模双领先"的品牌形象，赢得客户信任。基于此，欧赛斯为朗绿科技重新设计了品牌 logo 与专属符号，如图 9.1 和图 9.2（a）所示。

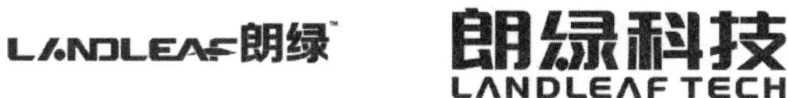

图 9.1　朗绿科技 logo 前后对比

图 9.2　朗绿科技专属符号

在色彩方面，欧赛斯用充满科技感的蓝色代替灰色，让人眼前一亮。在造型方面，欧赛斯将"科技"二字加入品牌名称，增加差异化元素，强调企业优势，如图 9.1 所示。此外，专属符号来源于"人"字，强调人与建筑的联系，表达出朗绿科技建设绿色城市、实现"双碳"目标的使命。

综上所述，B2B企业需要通过行业调研，在明确视觉行业属性的基础上，结合自身优势挖掘差异化视觉元素，凸显品牌特色，提升竞争力。

9.2.2 品牌定位决定品牌调性

品牌调性就是品牌从视觉、文字、听觉和行为四个层面所展现出的风格和气质，最终在客户心中留下一个固有印象。视觉锤就是品牌视觉调性的"灵魂"。以B2C企业为例，提到蜜雪冰城，大家会想到"雪王"的形象，脑海里会响起"蜜雪冰城甜蜜蜜"的旋律。相比之下，B2B企业的品牌调性不凸显，但其重要性毋庸置疑。拥有明确品牌调性的企业能够抢占先机，在客户心中留下深刻印象，从而影响客户的购买决策。

品牌定位决定品牌调性。企业的品牌资产有哪些，品牌管理能力如何，企业内部的品牌认知状况如何，都在一定程度上决定了品牌调性的底色。企业需要注意，品牌定位无法实现绝对化的独一无二，以此为基础的品牌调性更不能"为了不同而不同"，而是要考虑到产品、服务的承载能力，从差异化的角度寻找"缺口"。

在确定底色的基础上，B2B企业该如何确定品牌调性呢？我建议企业从以下三个方面入手：

1. 注重视觉上的细节

一款产品、一家企业出现在客户面前，与客户的每一个接触点都是视觉调性先发力。品牌的视觉调性不仅体现在包装、海报、官网页面上，还体现在企业微信公众号的文章排版、页面的跳转逻辑、销售人员的回复方式及反应时间上，它们代表了品牌的态度。因此，B2B企业要把控视觉细节，从宏观到微观统一品牌的视觉调性，加深客户记忆。

2. 提升客户参与感

品牌调性的塑造不是品牌自说自话，而是需要客户的深度参与。企业应倾听客户的声音，了解他们对产品的评价与反馈，从中提炼出真实的内容。这样塑造出的品牌调性更贴近客户，更容易被客户接受。

3. 步调要稳，让品牌调性"扎根"

品牌调性需要企业长期维系，而且不能频繁变化。在信息爆炸的时代，热点频出，B2B 企业可以关注热点，但不能盲目追逐，而是要坚持以一种形象持续刺激客户，让品牌调性"扎根"在客户心中。这是一项长期的工作，B2B 企业需要不断积累品牌资产，调整、丰富品牌调性。

品牌调性能够展现品牌的个性与情感，激起客户的共鸣。B2B 企业要重视品牌调性建设工作，与客户建立深厚的情感纽带，提高品牌忠诚度。

9.2.3　不同 IP 定位的呈现形式

品牌 IP 是企业品牌资产的一部分，由产品、服务衍生而来。在体现企业优势、理念与愿景的基础上加入更多人性化元素，企业可以丰富价值观体系。品牌 IP 没有标准载体，可以与任何物质相关联，获益方式也很多。一个优秀的品牌 IP 能够帮助 B2B 企业吸引大量粉丝，提升品牌知名度与好感度。

在"2021 年世界互联网大会乌镇峰会"上，有人表示："IP 改编最在意能否保留精髓，也就是所谓的'形散神不散'。因为其他媒介和文学作品的表现形式不一样，一定会有所变化，这种变化能否保留住作者的原则，做出最适合相应载体的改编很重要。"这段话同样值得 B2B 企业思考。品牌 IP 脱胎于企业，无论以怎样的形式呈现，都需要与企业产品、文化相关联，体现企业的精神内核。

要想做到品牌 IP"形散神不散"，企业需要先确定"神"，即提炼企业形象关键词；再确定"形"，即打造品牌 IP 的外在形象。以上海革文营销策划有限公司（以下简称"革文"）为岛津（上海）实验器材有限公司（以下简称"岛津"）设计的品牌 IP 为例。

革文通过行业调研和访谈，为岛津总结了三个形象关键词：亲和（重视服务，与客户拉近距离）；专业（工匠精神）；活力（员工平均年龄 31 岁，思想新颖，富有朝气）。在此基础上，革文为岛津制定两个 IP 策略：以亲和为主的动物形象；亲和、专业、活力并重的新物种形象。综合考量后，革文为岛津打造出专属 IP 形象：艾思吉和艾洛希。

在确定品牌IP形象后，革文又设计出表情包、积木、笔记本、钥匙扣等衍生产品，岛津也在其微信公众号发布"表情包征集活动"，进一步强化品牌IP宣传。

品牌IP呈现形式多种多样，本质上是企业产品、服务、价值观的综合体现。它让企业从客户视角出发，让原本晦涩难懂的B2B营销内容变得生动有趣，在展现企业个性的同时，让更多客户认识企业、爱上企业，成为企业的忠实客户。

◎下篇

B2B企业组织能力建设

一个高效、专业的营销团队是大客户经营成功的关键，B2B企业在构建组织能力时，要从营销视角出发，通过优化 B2B 营销团队建设与管理体系来提升整体营销力。

梳理和总结 B2B 品牌营销的全流程，从市场调研、品牌定位、客户画像构建到营销策略制定与执行，再到效果评估与反馈，每一步都至关重要。这一流程化的梳理有助于企业更加慎重、准确地寻找适合自身特点的品牌营销路径，确保资源投入的最大化回报，从而在激烈的市场竞争中脱颖而出。

第 10 章

视角转变：以营销视角看组织能力建设

以营销视角看组织能力建设，就是以终为始搭建合适的营销团队。资源、流程、价值观构成企业的组织能力，其中最基本的是流程和价值观。过去的市场环境和成功经验早就过时，如今的环境需要新的流程与文化，以形成全新的数实相生的组织能力。

10.1　市场多变，营销业务规划需迭代

未来，B2B 海外市场的随机增长趋势会逐步消退，有序增长、良性增长、战略性增长会成为主基调。这似乎提高了企业继续发展的门槛，也提高了 B2B 入门的门槛。但是，通过对客户与市场的深刻洞察，企业依然可以找到 B2B 营销战略的机会点，与客户共同创造愿景。与此同时，企业还需要提前布局组织变革，通过管理模式、组织结构与流程变革，确保战略落地。

10.1.1　市场洞察，找到 B2B 营销战略机会点

随着国际市场环境越发错综复杂，B2B 企业需要找到新的营销战略机会点，才能回归良性增长，并且有足够的能力应对市场变化带来的风险。简单来说，站在 B2B 海外营销的角度上来看，企业渴望找到增长的机会，并实现一定程度上的可持续增长。

在过去，企业对战略的理解主要来自对自身优势的挖掘以及对行业价值的追求。企业更多的是从内部出发，对自身拥有的资源、能力，外在环

境和行业条件进行分析，从而做出战略抉择。

而现在，单点的爆发式突破所带来的业务增长已然不能持续且难以再现。良性、稳定与可持续的增长来自结构性的布局增长逻辑，指数级的增长来自战略性的增长逻辑。企业需要关注数字化趋势下的品牌建设、客户生命周期的价值、产品创新、价值呈现以及全渠道的融合。

B2B的海外客户群体同样进入了数字化时代。这个时代最大的特点是个体意识觉醒，每个人对自己作为"顾客"时（无论是B端还是C端）的体验感及获得感有着空前的期待。

过去，企业单纯地用自己的产品匹配客户需求，完成一道简单的连线题。现在，企业要满足客户需求，挖掘客户需求，洞察甚至引领客户需求——做的是一道具有互动性的开放题。然而，大多数企业按照自己对行业、市场及客户群体的理解来开发产品、提供服务，对洞察客户群体的需求既缺少方法和流程，也缺少对终端客户群体的深度理解。

B2B企业能与客户共同创造愿景吗？企业的营销、产品与服务可以引发客户的想象与共鸣吗？哪些技术是在产业内演化迭代出来的？企业能否充分理解这些技术的变化，并结合客户的期待对产品和服务进行升级？将成为企业赢得竞争的关键要素。

10.1.2　战略布局思维，提前进行组织变革

战略再好也需要组织来落地执行，战略变革需要以组织变革为基础。战略不能是镜花水月，否则就失去了其真正的意义。很多专业的营销公司能够提供营销渠道建议或多渠道融合方案，但是往往会忽略组织中人的能力、意愿。组织结构、流程以及文化僵化会导致既定的营销方案无法落实到位，对此，很多企业认为是营销战略存在问题，其实不然。

这是一个个体觉醒的时代，个体价值崛起是大势所趋。如今，组织中的个体更追求自主性及自我体验感，追求匹配付出的劳动报酬。这是个体的价值感、成就感、效能感以及在社会中的连接感、胜任感的体现。

组织的领导者、管理者需要以员工为中心，让每个有能力、有意愿的员工充分释放自身的创造力，为员工提供发展平台。在数字化时代，管理

者应转变为支持者、赋能者的角色，因为数字化时代的个体不需要管控、教育、训练。

给予个体互助成长的平台，并不代表个体可以拥有和过去一样的忠诚度，因为个体更追求自我体验的丰富与深化。因此，传统的外贸 B2B 企业更需要重视流程体系的搭建与完善。"颠覆式创新"之父克莱顿·克里斯坦森说过：一个机构的能力是独立于机构内部工作人员的能力而存在的。一个机构的能力体现在其流程和价值观中，而构成业务模式核心能力的流程和价值观，决定了机构应对市场变化的能力。

值得注意的是，过去并没有成文的流程文件及文化解读文件，只要组织存在，那么这些东西就自然存在。如今，企业需要应对的是如何在过度固化甚至僵化的流程体系中完成基于战略目标的组织变革。

企业组织结构的重塑也是一个核心要点，传统外贸 B2B 企业会在组织结构无变化的情况下调整营销战略，用原来的组织结构、流程文化来支持新的战略。权、责、利与具体做法没有进行相应调整，势必导致战略目标的达成大打折扣。

企业需要审视核心业务流程中是否缺失关键职能模块，特别是营销能力和销售能力的区分、责任与权力的关系变化、责任与匹配资源的关系变化以及责任与职责分工之间的关系。基于此，企业可以重塑组织结构，让组织成员在组织中所承担的角色，责任、权力、资源的分配以及成员间的协同与战略方向保持一致。

10.2　价值回归，从市场终端来看客户需求

数字化时代，B2B 企业要把客户群体价值最大化作为营销战略的目标，这样才能立于不败之地。理解客户群体需求的变化、理解终端客户群体"三交"（交往、交情、交易）场景的变化会让企业获得良性且持续的增长。企业要把这些理解贯穿到品牌定位、营销布局、产品研发及交付等流程中，以提高自身的核心竞争力。

10.2.1 理解客户的能力决定产品力的一半

传统 B2B 制造商往往是国际贸易领域的"老江湖",可能会觉得理解客户的需求、感受是最基础的意识及能力,不需要对其强调。实际上,理解客户包含两个部分。

1. 企业是否真的理解核心 B 端客户群体的变化

数字技术能够改变 B2B 客户群体价值创造的场景与体验,进而改变产品和服务在整个 B2B "三交"活动中的作用。例如,B2B 货架电商平台(阿里巴巴国际站、中国制造网等)可以连接卖家和买家,买家可以通过平台反馈购买体验,并根据体验好坏决定是否复购。

因产品而产生的单纯买卖行为只反映了交易过程。整个商业活动中的价值感、获得感、交互感、共创感(共生性)才有利于打造峰值体验,影响客户最终的购买决策。

2. 企业是否尝试理解行业终端客户群体的场景与需求

基于第一点,企业愿意和 B 端客户共创、共生,那么接下来就要了解所面对的顾客与市场。在过去,企业可以通过标准化的生产、广泛投放广告等模式,管控客户的需求甚至说服客户接受产品,因为这样的效率最高。

而现在,全球的客户都处于数字化技术高速发展的时代,他们不再满足于标准化的体验与价值,而是渴望个性化追求以及体验的快速迭代。他们通过选择不同的产品、服务、社交媒体、社群等形式,主动参与到整个价值创造过程中。因此,企业需要和客户建立紧密连接,在理解终端客户需求的基础上与其保持步调一致。

如今,企业不仅要理解客户使用产品的场景,还要从顾客群体整体的生命周期上去理解场景变化的过程,以此倒推如何赋能、引领 B2B 客户的购买需求。

早在几年前,一些传统的 B2B 贸易企业就已经开辟了终端货架电商、兴趣电商的赛道,其核心目标并非向 B2C 转型,而是通过接触重点市场终端客户,迭代自身的产品与服务,引领 B 端客户的需求,占据议价权优势。当然，这一做法的好处不止这些，从研发到交付，整个组织应对市场变化的敏捷度有了极大的提升。在行业竞争日趋激烈的背景下，这些企业实现了结构性、战略性增长，还在一些市场中开辟了 C 端业务。

10.2.2　品牌＋营销＋产品＋交付＝B2B 核心竞争力

品牌是 B2B 企业持续向客户输出的价值定位。企业需要理解，建立品牌的最终目的是影响客户的心智，植入心锚。心锚可以是明确的品牌标识，也可以是差异化价值所形成的标签，它需要被识别、被强化以及被传播。

营销是企业的一项关键业务活动，是通过交互平台持续与客户互动，进而实现价值最大化的过程。传统 B2B 行业，无论是制造业还是服务业，都以销售作为营销的核心动作，甚至是唯一动作，因为可以看到实际的业务成效。

在如今竞争激烈的市场环境下，线索的定义不再是一条精准的信息。真正的线索是客户关注、信任、交互并愿意沟通需求的过程。从市场定位到线索获取，再到交易回款，整个营销流程的打通是企业必须做的。

产品是企业深刻洞察终端顾客与 B2B 客户的购买需求后，把需求变成价值的物质载体。很多 B2B 企业已经习惯了由客户把需求变成产品的设计图及生产要求，然后"依样画葫芦"，甚至还沾沾自喜地认为自身的生产能力能够保障产品品质与交付，可以形成差异化的竞争优势。

生产流程及生产技术的数字化迭代，会导致这些优势被快速复制和超越。企业需要具备开发新产品的能力，以引导客户产生需求，满足客户的愿景。

交付是企业核心运营活动中，通过提高协同系统的效率，满足客户需求的关键过程。交付是最能体现企业整体组织能力的关键流程，交付的效率以及企业应对变化的敏捷程度都有助于客户验证企业的专业、可靠程度。

如果交付效果低于客户的期望值，客户满意度、复购率、忠诚度会下降。虽然降低期望值可以提高满意度，但这不是绝对的。如果企业在品牌塑造、营销和产品等方面均无法满足客户的期待，也无法引领客户需求，那么企业就无法让客户满意。

过去的 B2B 企业更像"闷声发大财"的幕后操盘手，低调、严谨、专业是它们的标签。数字化时代，B2B 企业在全渠道上不断发声，并针对目标客户群体塑造具有战略意义的品牌形象，从而更好地实现营销目标。

第 11 章

团队建设：提升 B2B 品牌营销力

想要提升 B2B 品牌营销力，企业需要从内部出发，建设符合企业发展现状及未来规划的 B2B 营销团队，充分发挥组织效能。本章从企业发展的不同阶段入手，分别阐述适合初创期、成长期和成熟期企业的营销团队，指导企业拓宽营销渠道，变革管理模式，提升团队成员协同合作的能力，进一步提升竞争实力。

11.1 B2B 营销团队的三种组织架构

B2B 营销团队的组织架构需要随着企业发展及时调整。通常来说，企业发展会经历初创期、成长期和成熟期三个阶段。企业在各阶段的核心任务具有较大差别，其 B2B 营销团队需要紧密配合，以核心目标为导向，助力企业稳步发展。

11.1.1 初创期企业：核心营销力＋产品力

核心营销力是指企业合理配置营销资源，通过一定的营销模式将产品推销给更多用户，以扩大市场份额、提升核心竞争力的能力。而产品力是指产品在价格、功能、品质、创新等多个方面对目标用户的吸引力。

在初创期，"活下去"是企业的首要任务。在这一阶段，企业的人力、资金等资源紧张，营销资源不充裕。因此，企业需要从产品出发，以提升产品力为核心任务，进而带动核心营销力提升。B2B 营销团队需要从两个方面入手，助力企业在市场上站稳脚跟。

1. 梳理品牌基因

对于初创期企业来说，梳理品牌基因就是讲好产品故事，将企业的价值观、愿景、使命等融入文字并传递给用户，使其产生共鸣，进而心甘情愿消费。

B2B营销团队需要从产品背后的技术特性入手，以技术实力、洞察市场的能力及配套制造能力来突出产品功能及价值点，以吸引精准客户群体。

以某割绒制造企业为例，作为一家专注高端割绒面料定制的企业，其从创始人的视角出发，讲述创始人受专业影响进入纺织行业，后期因客户需求而进入绒布这个细分领域的故事。

该企业的创始人发现，国内企业无法生产出高端割绒面料。基于对专业的热爱以及对中国制造突破此类面料的渴望，他一心研究高端割绒面料的生产技术，并跟随国内外多位名师学习，最终将学习成就融入产品设计理念及生产技术创新上，在该领域实现了技术突破。

2. 提炼拳头产品背后的差异化优势

客户在选择专业的B2B制造合作伙伴时，往往会选择自己听说过的、熟知的企业。这些企业通过提炼拳头产品背后的差异化优势，让目标客户群体记住并能够分辨自己的企业及拳头产品，在潜移默化中培养客户群体的信任感，从同类厂家中脱颖而出。

想要提炼拳头产品背后的差异化优势，首先，B2B营销团队需要对企业所瞄准的目标市场进行充分调研（B端及C端），总结目标客户群体的痛点及需求，在与竞争对手的比较中挖掘自身产品背后的差异化优势。其次，团队还需要总结过往优质客户、战略合作类客户选择跟自己企业合作的原因，提炼出差异化的优势。最后，团队需要和企业管理层共同进行头脑风暴，提炼出3～5个核心优势。

需要注意的是，打造拳头产品背后的研发、生产故事以及提炼拳头产品背后的差异化优势并不是"王婆卖瓜，自卖自夸"，而是在洞察目标客户群体心理需求及真实产品需求后，让企业实力和产品价值的描述更加符合精准客户群体的需求，让他们对产品、企业及核心团队产生初步的信任。

综上所述，初创期企业的核心竞争力在于产品。企业需要做好产品，B2B 营销团队需要讲好产品故事。团队应当以产品为起点，深度挖掘其差异化卖点，打造富有情感的产品设计、研发、生产背后的故事，将企业文化与价值观传递给目标客户群体，使其感受到企业对自己的深度理解，产生基础信任后愿意主动跟企业建立联系。

11.1.2　成长期企业：品牌营销力＋产品力＋交付力

品牌营销力是指企业通过一系列营销活动，让用户记住品牌、信任品牌、宣传品牌的能力。交付力是产品力的延伸，常见于房地产行业，指企业在规定时间向用户交付高质量产品并及时跟进后续服务、优化用户体验的能力。

进入成长期，企业已经积累了第一批关键用户，对市场定位和发展方向也有了一定的规划。B2B 营销团队需要着手加强企业的品牌意识，提升品牌营销力，进一步加深用户对企业品牌的印象。

新媒体时代，多数企业注重拓展外部营销渠道，通过社交媒体发布内容，以提升品牌曝光量和知名度。外部渠道的重要性毋庸置疑，但企业还需搭建自己的内容营销中心，以稳定地吸引访客，并将其转化为客户。在搭建内容营销中心时，B2B 营销团队可遵循以下三个步骤：

1. 定位精准客户群体

B2B 营销团队需要绘制目标客户画像，据此定位营销所面向的核心客户群体，即战略大客户。团队需要明确战略大客户的需求和痛点，有针对性地制作营销内容，以引起他们的兴趣。

2. 引流目标客户群体

内容制作完成后，B2B 营销团队需要通过各种渠道将其分发出去，以吸引目标用户访问内容营销中心。这就需要团队事先对各类传播平台进行调研，尤其需要明确目标用户活跃度高、占比较大的传播平台，优先进行内容分发引流。目前来说，B2B 营销团队可以尝试的传播平台包括但不限于微博、知乎、今日头条号等。

3. 埋设"钩子"，进一步吸引目标客户群体

B2B营销团队需要持续分发优质内容，吸引客户注意。与此同时，团队也需要运用一些策略，在目标客户对发布内容产生兴趣后，简化其进入内容营销中心的步骤，进一步增加访客量。一个简单的方法就是在发布内容的主页面附上网址链接。

团队也可以有选择地发布部分关键内容，提示用户进入内容营销中心查看剩余内容。除此之外，团队也可以为目标客户准备一定的"干货"，如知识文档、行业分析报告等，提示目标客户进入内容营销中心获取。

对于成长期企业来说，一方面，提升品牌营销力就是提升核心竞争力，让客户能够优先想到自己的品牌；另一方面，企业需要提升产品交付力，优化客户体验，以优质服务让目标客户在众多选择中坚定地选择自己。

想要提升交付力，B2B营销团队就需要从企业发展现状出发，评估企业的资金与人员情况，搭建适合企业的交付体系。交付体系主要有三类，企业可以根据自己的实际情况做出合理选择。

（1）全周期交付体系。该类体系的优势在于，从风险评估、流程管控、品质检验、后续服务等多方面优化企业交付工作，确保标准化流程覆盖交付工作的前、中、后期，塑造企业强交付力的品牌形象。全周期交付体系往往从集团层面搭建，因此对企业的管理水平、资金周转状况等要求较高。

（2）高标准生产体系。该类体系侧重于产品的前期制造环节。其从供应商选择、生产规划、库存管理等方面优化企业交付工作，确保企业产品从原材料采购到成品出库始终处于高质量状态。对于以功能性产品立身的企业来说，B2B营销团队可协助其建立高标准生产体系，以高质量产品提升市场竞争力。

（3）全流程服务体系。该类体系侧重于优化客户体验。其从产品运输、产品交付、客户回访等方面优化企业交付工作，确保企业充分收集客户使用产品的数据，了解客户诉求并及时给予反馈，让客户感受到企业对

自己的重视，进而提升满意度。B2B 营销团队可协助企业建立全流程服务体系，以周到、暖心的服务优化企业口碑，增强客户黏性，提升品牌知名度。

综上所述，成长期企业需要提升品牌营销力，进一步加深客户对品牌的良好印象。同时，企业需要从产品力延伸至交付力，逐步建立全流程交付体系，提升交付效率，以优质的交付能力吸引更多潜在客户，以快速进入成熟期。

11.1.3　成熟期企业：基于用户体验的精细化管理

进入成熟期，说明企业已经在市场上站稳脚跟，向着行业佼佼者的方向进发。这一阶段是一个分水岭，企业需要承担更大的风险，在挑战中抓住机遇，追求质变。在这一阶段，客户体验管理（customer experience management，CEM）是企业必须重视的工作，具体包含两大重点。

1. 建立客户档案，洞悉客户需求

B2B 营销团队需要协助企业建立客户档案，以加深对客户的了解，及时洞察目标客户的需求变化，具体步骤如图 11.1 所示。

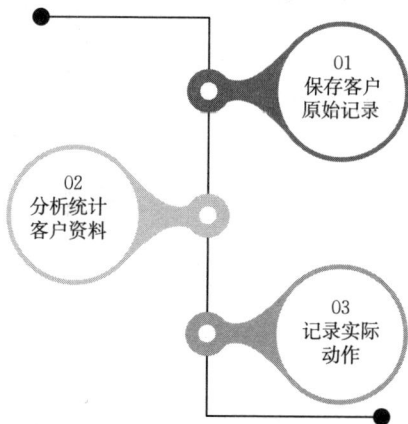

图 11.1　建立客户档案的步骤

（1）保存客户原始记录。客户原始记录指的是客户的基础资料，包括关键决策人的个人资料和合作、服务关系历史记录。个人资料包括关键决策人的姓名、住址、电话、职位、电子邮箱、年龄、学历、家庭状况、爱

好、收入等。合作与服务关系历史记录包括客户与企业取得联系所使用的联系方式，客户对产品第一次反馈的时间、会谈记录，客户后期翻单时间、地点、条件、价格、物流方式等。

（2）分析统计客户资料。这里的客户资料指的是通过专业的客户调查分析或向信息咨询机构购买而获得的第二手资料，包括客户对产品的评价、购买趋势变化、客户的履约情况、与其他竞争者合作的情况、客户需求特点、客户的潜力分析等。

（3）记录实际动作。实际动作主要是营销团队与客户联系过程中做出的动作，包括销售人员与客户联系的时间、地点、方式，联系客户的费用开支，为客户提供的支持（如配套的零配件等），为争取和留存客户所付出的其他行动和成本。

企业建立客户档案不仅是为了收集、存储客户的信息，更重要的是通过整合分析完善客户画像，进而为目标客户群体持续提供个性化产品与服务。

2. 提高沟通质量，维系客户关系

在成交后与客户进行深入沟通是企业调查客户满意度、维系客户关系的一种有效手段。在高质量的满意度沟通工作中，员工能与客户进行充分交流，这既能向客户展现企业对其的重视，又能完善企业的客户数据库，为交叉销售、翻单销售奠定基础。企业需要注意五个方面，以持续与客户沟通，如图11.2所示。

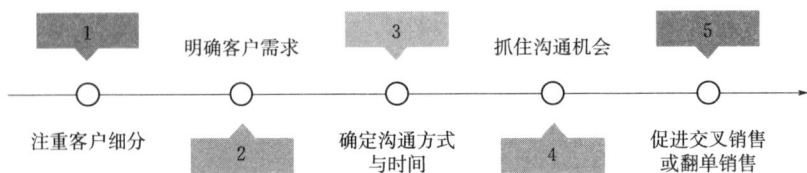

图 11.2　企业如何与客户持续沟通

（1）注重客户细分。在与客户沟通之前，企业需要对客户进行细分，针对不同类别的客户制定不同的沟通策略。例如，根据客户带来的价值将客户分为高贡献客户、普通客户等；根据来源将客户分为自主开发型客户、广告宣传型客户、中间人推荐型客户等。

（2）明确客户需求。企业需要制定定期满意度沟通机制，一方面，了解客户对产品及配套服务的感受及终端体验，及时发现产品及服务的问题；另一方面，了解客户对企业的看法，预测其未来购买意愿。如果企业在客户提出需求之前就主动与其沟通痛点及问题，就能展现对客户的关怀，在很大程度上能够提高客户满意度。

（3）确定沟通方式与时间。企业与客户沟通的方式包括但不限于电话沟通、会议沟通、当面沟通、邮件沟通等。沟通时间则需要根据产品属性灵活安排。通常来说，第一次沟通安排在产品交付后一周，第二次沟通安排在交付后一个月，之后的沟通频率为每两到三个月一次。具体的沟通方式与时间需根据企业实际情况和产品类型而定。

（4）抓住沟通机会。在沟通过程中，企业需要详细记录客户提出的问题，认真整理沟通资料，为后期改进做好准备。对于已沟通的客户，企业需视情况与其二次沟通，抓住每一次深度沟通交流的机会，通过解决客户的实际问题维护企业形象，加深客户信任。

（5）促进交叉销售或翻单销售。企业与客户沟通的目的是通过给客户提供预期之外的高水平服务，让客户更加信任、依赖产品及企业，创造出新的销售机会。持之以恒的客户关怀可以使销售机会不断延伸。

综上所述，成熟期企业需要更加重视客户体验，通过收集、分析客户数据绘制客户画像，并提供精细化、个性化服务，不断提升客户活跃度和满意度。通过定期沟通与客户保持密切联系，提升客户对企业的好感度与忠诚度，巩固客户基础，企业可以实现进一步突破。

11.2　三大转变，提升品牌营销能力

互联网时代的企业也有"酒香也怕巷子深"的忧虑，因而越发重视品牌营销能力的培养。对于 B2B 营销团队来说，提升品牌营销能力需要以客户体验为导向，对外整合多渠道数字资源，对内提升组织敏捷性，最终提升品牌价值，为客户提供更加优质的产品和服务。

11.2.1 全渠道整合者：整合多渠道数字资源

全渠道营销是一种跨渠道、打通线上线下渠道的营销方式，受到很多企业的青睐。通过整合多种营销渠道的数字资源，企业的产品和服务随处可见，覆盖范围更广。这种全方位、多角度的营销方式在很大程度上提升了品牌的知名度和影响力。

全渠道营销的一个具象化体现就是搭建新媒体矩阵。B2B营销团队需要根据企业的目标客户、产品属性、资金情况以及市场环境等因素综合考量，选择搭建横向矩阵或纵向矩阵。

1. 横向矩阵

横向矩阵也被称作外矩阵，是指企业通过官方网站以及多种新媒体平台进行综合布局。横向矩阵的核心在于全媒体平台宣发，通过在多种平台上注册账号、发布内容来挖掘潜在客户，提升企业品牌的全网影响力。搭建横向矩阵所常用的媒体平台见表 11.1。

表 11.1　常用的媒体平台

视频类	社交类	图片类	聊天类
抖音	微博	今日头条	微信
bilibili	脉脉	小红书	QQ

2. 纵向矩阵

纵向矩阵也被称作内矩阵，指企业在某个规模较大的媒体平台上集中发力，整合营销资源，布局多条产品线。企业可以选择创建企业品牌 IP 主页、个人 IP 主页、产品 IP 主页、专栏、大事件及群组等，如图 11.3 所示，集中挖掘定向的专业客户群体，增强企业与目标客户群体的强联系。

新媒体矩阵的核心意义在于增强品牌宣传效果，具体可分为三个方面。

单个平台全面击穿

专业平台
构建专业影响力乃至领导力

企业品牌主页 （组织）		企业关键IP （个体）

企业专业品牌矩阵

子品牌/子产品 主页1	子品牌/子产品 关键IP 1
子品牌/子产品 主页2	子品牌/子产品 关键IP 2
子品牌/子产品 主页3	子品牌/子产品 关键IP 3
子品牌/子产品 主页N	子品牌/子产品 关键IP N

细分市场关键IP布局

专业影响力构建：精准触达下的强影响+高转化

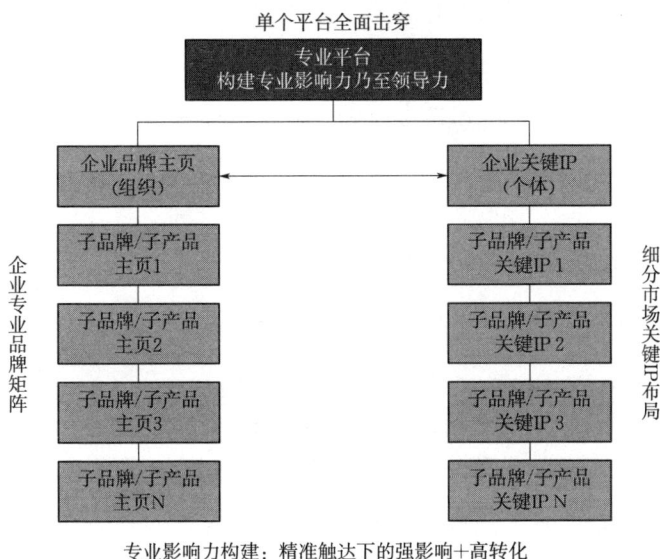

图 11.3　纵向矩阵

1. 丰富内容发布形式，实现多元化宣传

每个新媒体平台都有自己的风格，如微信公众号以图片和文字为主，抖音则以直播和短视频为主。对于搭建横向矩阵的企业来说，在多个风格迥异的媒体平台上创建账号，依据平台风格变换内容发布形式，有助于其全方位吸引潜在客户。

2. 分散运营风险，降低运营成本

如果企业在一个平台的一个账号上进行集中运营，运营风险会大幅度提升。以某平台为例，其真实性、专业度、原创性等诸多要求导致账号具有不稳定性的风险。而企业品牌 IP 主页是由个人 IP 主页注册之后生成和管理，如果只有单一账号，管理及运营的风险很大。由此可见，多平台、多账号运营有助于企业分散运营风险，优化运营资源，在风险来临时将损失降至最低。

3. 优势互补，放大宣传效果

各个新媒体平台风格迥异，不同平台可以优势互补，协同宣传。例如，企业先通过微博发布活动预告并进行定向邀约，为营销活动造势，借助三维 IP 矩阵来吸引目标客户群体，然后在微信平台上进行转化，就可以

进一步加强与高黏度客户的强联系。最后，在其他媒体平台分发品牌公关稿，最大限度提升曝光度。

这样客户群体可能在微博上看到企业及产品宣传，对企业及拳头产品产生印象，又在微信上看到该企业及拳头产品的宣传，进而产生沟通互动的需求。

综上所述，B2B营销团队需要根据企业的实际情况，协助搭建新媒体矩阵，实现多渠道甚至全渠道营销，完善企业品牌形象，强化用户认同。

11.2.2 聚焦价值创造：击穿客户体验全流程

品牌价值来源于品牌资产，包括品牌知名度、品牌声誉以及品牌联想。如果客户在产品或营销服务体验过程中感受到品牌的宝贵价值，就会增加对产品乃至企业的好感，进而成为企业的忠实客户、战略客户。因此，B2B营销团队需要整合企业的品牌资产，协助企业提升品牌价值，使其深入客户体验的各个环节。

1. 提升知名度：让客户认识品牌

品牌知名度分为三个层次。首先，企业要让客户能够识别品牌，即客户看到该品牌后意识到自己曾听说过或见过这一品牌。其次，企业要让客户能够回想品牌或企业带来的真实、专业、靠谱的感受，即用户在有类似需求时可以回忆起这一品牌。最后，企业要让客户优先想到品牌，即客户在提到或购买同类产品时，脑海中首先浮现这一品牌。

提高品牌知名度的方法有很多种，除了打造品牌故事、提炼拳头产品背后的差异化优势以及多渠道宣传外，企业还可以采取标志宣传和广告宣传的方式。

2. 优化声誉：让客户爱上品牌

影响品牌声誉的核心因素是产品和服务。一方面，企业需要注重产品的核心使用价值，让客户通过场景化的内容宣传，切实感受到产品及服务真实、专业、可靠、值得信任。另一方面，企业需要把控服务及产品细节，通过色彩、声音等，让客户感受产品独特的价值及特点，从情感上打动客户。

例如，C 端天气预报软件"墨迹天气"首先保证其核心功能——天气预报准确、全面。用户进入软件首页即可看到当时、24 小时内以及 15 天内的最高和最低温度、风速、风向以及湿度等信息。同时，该软件会根据天气为用户提供穿衣、护肤、钓鱼、洗车以及过敏预防等多方面的信息，封面背景会随着天气情况发生变化，封面卡通人物也会随天气情况增减衣物，进一步体现软件的人性化。

3. 产生联想：影响客户决策

品牌联想是指客户在听到品牌名称后就会想到与之相关的符号、理念以及代表性产品等，包含属性联想、利益联想和态度联想。

属性联想即客户在听到品牌时联想到其代表性产品、个性化包装、使用感受等。利益联想即客户想到品牌能够为自己带来的价值。态度联想即客户对品牌的整体评价。

综上所述，B2B 营销团队需要梳理企业的品牌资产，根据企业发展现状和产品属性聚焦品牌价值创造，使其渗透客户体验流程，给客户留下深刻印象。

11.2.3　管理模式变革：洞察提升组织敏捷性

想要提升品牌营销能力，企业需要审视内部组织架构，通过变革管理模式提升组织敏捷性，打造一支善于进行敏捷营销的队伍。

1. 转变思维：优先发展营销能力

企业需要明确营销能力并非员工的额外技能，而是关乎企业利润的核心技能之一。企业需要转变思维，将发展营销能力作为一项重要战略举措，由董事会带头明确政策，管理层向下监督，力求让全体员工明确营销能力的重要性。

2. 串联部门：消除内部信息差

敏捷营销更加重视企业资源的整合与运用。这就要求企业将研发部门、财务部门、人力资源部门与营销部门串联起来，组建跨部门项目小组。这样的组织架构的优势在于，能够打破各部门之间的壁垒，促进各部门之间信息交换、资源共享，使员工建立更紧密、更和谐的合作关系。营销人员能够根据客户反馈向研发人员传达改进意见,研发人员能够及时改进产品,从而形成良性循环。

3. 策划项目:在实践中学习

提升敏捷能力不能闭门造车,而是要在实践中学习和应用技能。企业可尝试策划"混合学习"项目。

一方面,为员工提供线上课程,课程中包含互联网时代数字化营销的背景、概念、模式及工具等各类基础知识,员工可以自由规划学习进度,了解基本概念,学习数字化工具的使用方法。

另一方面,企业可以举办"午餐研讨会",聘请营销专家与员工进行面对面讨论,深化理论基础。此外,企业还可以为员工设置一定的营销挑战,鼓励员工将学到的技能应用到实际工作中,在实践中提升营销能力。

4. 持续建设:营销能力与时俱进

提升组织敏捷性并非一蹴而就。客户需求与市场环境处于不断变化之中,企业需要根据行业趋势及时更新学习内容,督促员工及时学习,确保B2B团队的营销能力与时俱进。

综上所述,提升组织敏捷性是一个长期的过程,企业需要从思维层面出发,将提升营销能力的意识与策略拓展至各部门,利用数字化工具和具体项目提升团队的营销能力,将敏捷营销纳入企业的长期战略规划。

11.3 团队运作:术业专攻的组织能力

B2B营销团队应当构建"三角关系",即理念上方向一致,职责上分工明确,态度上责任共担。具体来说,团队内部始终秉持以客户为中心的核心理念,组织架构灵活机动;员工岗位职责及协同职责明确,避免群体懈怠;员工之间协同合作,相处融洽,勇于承担责任。

11.3.1 以客户为中心进行组织结构优化

"以客户为中心"的重要性无须赘述,各行各业的企业都以此为宗旨进行营销活动。然而，想要真正践行这一理念，快速响应客户需求，企业还要优化组织结构，即摆脱传统的"金字塔"式组织架构，构建"同心圆"式组织架构，如图 11.4 所示。

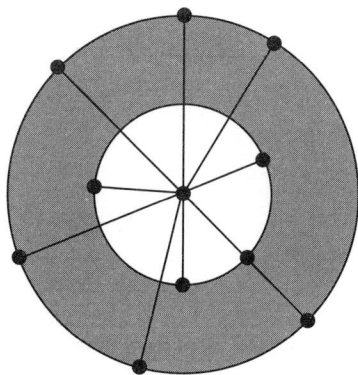

图 11.4　"同心圆"式组织架构

同心圆的"圆点"即"以客户为中心"的理念，"小圆"为企业的业务部门，"大圆"则为其他部门，企业内部各种利益脉络如同一条条线穿过同心圆及其圆点，各部门相互独立，却又密不可分。

"同心圆"式组织架构的核心是"轻、薄、智、快"。

"轻"意味着简约：一方面是简化整体架构，让员工明确自己的位置；另一方面是打破自上而下的等级秩序，实行点对点的工作汇报模式。

"薄"是扁平化。企业应当积极做"减法"，消除冗余环节，优化人员配置，以项目为核心合并部门、组建团队，减少形式主义和"搭便车"的员工。

"智"是数字化。数字经济时代，企业要学会利用数字化工具积极转型。这就要求员工走出舒适区，学习新技能，适应新的工作流程，提升个人技能水平与工作效率。

"快"是敏捷与直达。以客户为中心就是与时间赛跑，企业不能把时间浪费在内部人情世故上，而应以业务为核心，提升外部适应性，保证组织稳固，在动荡的市场环境中稳步向前。

"同心圆"式组织架构能够让企业全体员工以客户为导向管理并提升自我，进而为客户提供更好的服务。搭建该组织架构需要遵循三大原则。

1. 文化先行

任何组织架构都要有与之相配的文化作为精神支柱。企业需要明确，文化不能只是贴在墙上的标语，而是要作为一种精神深入员工内心。如果员工的思维还停留在"金字塔"式组织架构层面，就无法适应"同心圆"式组织架构下的工作节奏。

因此，企业的 HR 需要与各部门员工沟通，了解员工的状态，明确其思想与价值观，进而采取合适的策略向员工传达企业的组织构想，让员工有缓冲和适应的时间。

2. 敢于授权

文化先行是针对企业基层员工而言的，而敢于授权是针对企业领导者而言的。"同心圆"式组织架构以业务部门为核心，业务部门需要拥有更大的权力。一些企业领导者担心部门权力过大会导致企业内部出现"藩镇割据"的问题，造成企业内部分裂，因此不敢授权。

针对这种情况，一方面，领导者需要转变角色定位，使自己成为成就客户的"服务者"，而非"领导者"；另一方面，企业可采取组织业务伙伴（business partner，BP）化的方法进行过渡，即让职能管理部门派遣员工进入中前台的业务部门，作为其业务伙伴。BP 以特派员的身份管理业务，既能让权力下沉，又能为权力运作划清"隐形边界"，能够在一定程度上解决领导者担心的问题。

3. 高度一致性

"同心圆"式组织架构打破了组织原先的等级秩序，加强了各部门之间的联系。这就要求企业提高内部一致性，即企业从上到下的一切人员、动作都指向用户价值。除企业文化、员工思维以及领导层的角色定位等内容的调整，企业还需要优化人才和资源配置，注重细节。这需要企业根据具体业务和产品规划资金和员工的流向。

综上所述，如果想以客户为中心优化组织架构，企业就需要做减法，以提升企业价值为核心调整各项资源，建设各部门相互独立却又密不可分的"同心圆"组织。

11.3.2　岗位职责及协同职责明确

职责明确即企业各部门、各岗位分工明确，项目全流程各环节由谁负责、每个人具体完成哪些任务均可溯源。如果企业内部无法做到职责明确、协同合作，就很有可能出现群体懈怠现象。

群体懈怠指一群人共同完成一项工作时，每个成员的付出会少于单独工作时的付出。这种现象反映在企业内部，就表现为随着团队规模不断扩大，团队成员逐渐开始偷懒——某项工作是所有人的责任，但在实际执行中只有几个核心人员负责，很多人都在"划水"。

群体懈怠现象广泛存在且在不知不觉中发生，这就是职责未明确所导致的后果。因此，企业需要建立健全奖惩机制，以完善的制度明确各岗位职责，尽可能避免群体懈怠现象发生。健全的奖惩机制应当包含三大要点。

1. 单独评价

单独评价的意义在于，员工的个人表现可以被单独衡量，不会因团队整体工作结果不佳而受影响。在单独评价机制下，优秀的员工能够被看见，获得其应有的奖励，而"搭便车"的员工会承受更多压力，不得不调整工作态度。

企业应该如何对员工进行单独评价？首先，需要明确分工。明确的分工与责任归属可以让员工个人表现一目了然，企业能以此为依据进行奖惩。其次，表现要有明确的衡量标准。企业需要尽可能量化每项工作的效率，如考核客服的通话时长、接起速度等因素。衡量标准越简单易懂，每个人的贡献就越明确。

2. 强调贡献

如果每个人都觉得自己的工作在团队里无足轻重，就很容易出现群体懈怠的现象。员工会认为自己是否努力都不会影响结果，不如轻松一点。但很多时候，员工的低价值感仅是他的主观感受，并不是真实情况。如果团队里每个人都想轻松一点，那么工作是不可能完成的。

管理者在划分职责界限时，需要充分考虑每个人的特点，让员工做其擅长的事，以提升其价值感。此外，针对工作内容与企业核心业务关联度不高的员工，管理者可以抽出一定的时间与其讨论工作的重要意义，让员工产生工作动力并做好工作规划，这样员工会对工作更上心。

3. 缩小团队规模

随着团队规模扩大，企业可能会出现一个问题：尽管实行绩效制度，但整体效率不高。这是因为团队太大，责任分散，个人贡献不明显，出现群体懈怠的现象。对此，企业可尝试把大部门拆分为项目小组，打造扁平化组织。每个小组只有几个人，这样能够大幅度提升团队的机动性，同时便于管理层监督管理。

综上所述，企业需要建立完善的奖惩制度，以清晰的考核依据与奖惩内容刺激员工，确保员工明确自己的职责，认真对待工作，积极与其他员工协同合作，提升企业整体效率。

第 12 章

管理体系优化：以大客户经营为目的

在 B2B 营销领域，大客户经营占据着举足轻重的地位，其战略规划与落地难度很大。想要做好大客户经营与管理，B2B 企业需要正确定义并识别大客户，快速响应其需求和痛点，与大客户建立战略合作伙伴关系。同时，B2B 企业需要以大客户生命周期为基准，建立经营模型，做好持续追踪工作。此外，B2B 企业要与时俱进，运用 CRM 系统，提升管理水平。

12.1 B2B 企业大客户管理面临的挑战

B 端市场与 C 端市场在客户属性、需求等方面存在显著差异。如果不能正确定义大客户，制定专属管理策略，快速响应大客户需求和痛点，那么无论是 C 端转 B 端的企业，还是从始至终专注于 B 端的企业，都无法通过大客户管理实现盈利增长。

12.1.1 缺乏对大客户的定义、识别与洞察

通常来说，B2B 企业以客户上一年贡献的销售额为基准，判断其在当前年度能否成为大客户。这种单一的判断标准会引发一些问题，例如，某位客户在过去一年产出了很多项目，企业将其视为大客户，在本年度对负责该客户的销售人员提出了更高的目标。该销售人员无法完成任务，最终离职，该客户随之流失。

长此以往，企业会陷入资源"错配—转移—错配"的恶性循环中，资源利用率大幅度下降，业绩起伏不定，销售人员与客户流失率都很高。

事实上，大客户管理工作是"春天播种，秋天结果"。B2B企业不能只看到短期利益，而是要看在相当长的一段时间里，客户能否对企业业绩产生不可忽视的影响。这决定了企业是否将其定义为大客户，并为其花费更多的时间和精力。B2B企业可以采用四要素分析法定义与识别大客户，如图12.1所示。

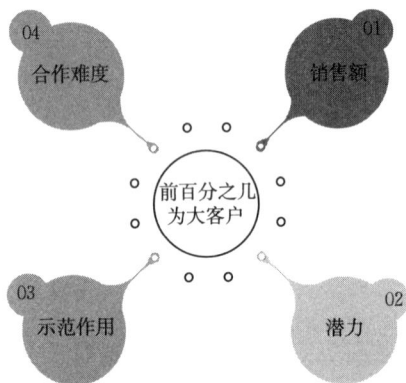

图12.1　四要素分析法

B2B企业可以设置四个评估维度，根据自身经营情况和业务水平分配权重，为客户打分并排名，规定排名前百分之几的客户为大客户，进而分配资源和精力。

1. 销售额

在销售额这一维度，B2B企业需要计算客户在最近两年内为自己带来的收入和利润。企业可以列出近两年来合作的客户及其交易额清单，计算利润率并排名。

2. 潜力

潜力指未来两到三年内，客户能够为B2B企业带来的收入和利润。企业可以根据销售额计算其增长率，结合客户所处行业分析其发展前景，以此判断客户的发展潜力。企业可以通过四种方法进行客户调研。

（1）访问客户网站。这是最简单、最直接的调研方法。大部分客户都会在其官网上设置"关于我们"板块，企业可从中了解客户的发展历程、企业文化以及企业属性等。此外，通过客户展示在官网上的产品或服务，企业也能了解客户的市场定位，结合自身规划判断其是否为目标客户。

（2）查看用户评价。如果 B2B 企业调研的客户来自零售行业，那么企业可以通过客户在各大电商平台的官方旗舰店查看用户评价，了解用户对产品的满意度，提炼产品卖点和潜在问题。这对于后续合作也有着极大的帮助。

（3）查看企业年报及相关数据。一般来说，规模较大或已上市的企业都会公示年报。B2B 企业可从中了解客户的经营情况和经营策略。

（4）查找行业报告。明确客户所处行业后，B2B 企业可搜索该行业的年度报告，了解该行业的增长情况、产品分布以及合作渠道等。销售人员也可以借此学会一些"行话"，这同样有助于后续合作顺利开展。

以上为 B2B 企业进行客户调研的四种方法，企业可以从客户自身、用户、行业等多个视角分析客户的发展前景。

3. 示范作用

示范作用通常指客户的市场地位，即客户在行业内的影响力大小。B2B 企业可以从客户的资信情况、市场份额、品牌知名度、品牌口碑等方面评估其市场地位，调研方法可参考上文的潜力调查。

4. 合作难度

合作难度一方面指报价成功率，另一方面指 B2B 企业现有的服务水平能否达到客户的要求。企业需要结合这两方面综合考量合作难度。

综上所述，B2B 企业在定义、识别大客户时，不能仅通过上一年的销售额做出判断，而要结合客户过去几年的发展情况与行业整体趋势进行综合考量，保证最终判断是准确、合理的，以精准投入相关资源。

12.1.2　大客户需求、痛点难以快速响应

定义、识别大客户是第一步。在这之后，B2B 企业需要挖掘大客户的需求和痛点，提出有针对性的方案，展现企业价值，从而与大客户建立紧密的联系。这一过程拼的是速度，如果 B2B 企业无法快速响应大客户的需求，大客户迟迟得不到回应，就会流失。

在快速响应客户需求方面，B2B 企业也面临一些困境。

首先，销售线索来自多种渠道，如社交媒体、现场展会、线下拜访、中间人推荐等，市场部在获取线索后可能无法及时整理并跟进。销售线索在各部门之间流转，部门之间不能很好地配合，导致企业往往在很多天之后才联系客户，有些企业甚至在跨部门配合中丢失线索，最终丧失与大客户建立联系的机会。

其次，B2B项目的转化周期较长，通常为3～12个月。这是由于客户一般采用集体决策制度，决策周期长。但是在转化期间，大客户会通过多种渠道持续关注B2B企业，如浏览官网、查看企业年报、参与门店活动、观看直播等。这些动作发生在不同时间和不同渠道，如果B2B企业未能及时收集、整合大客户的行为，部署其关键需求，就无法掌握打动大客户的关键节点。

在这种情况下，B2B企业可以抓住三个重点，提升响应大客户需求的速度。

1. 设置SDR团队

销售开发代表（sales development representative，SDR）团队是连接市场部和销售部的纽带，负责审核并培育销售线索。SDR团队具备充分的专业知识和丰富的沟通技巧，在与大客户初次沟通过程中，SDR团队能够精准挖掘其需求和痛点，为绘制完整的客户画像奠定基础。同时，SDR团队能够简明扼要地将B2B企业的产品、服务价值传达给大客户，帮助其准确理解并产生合作意向。

2. 建立营销自动化平台

营销自动化平台能够对不合格的销售线索进行二次孵化，降低线索流失率。事实上，超过一半的销售线索都无法在首次开发中成为合格线索。在传统的转化模式中，企业只重视被开发出来的、能够成交的线索，其他线索就此流失。

然而，大客户的意向和企业策略都有可能随着二次培育和孵化再次成熟。因此，借助互联网技术开发营销自动化平台很有必要。该平台能够将首次开发中不合格的销售线索放入流量池中，持续跟进大客户与企业的接触行为，通过多种渠道收集辅助线索，助力企业判断二次孵化的恰当时机。

3. 设置线索激励机制

很多时候，大客户对 B2B 企业提供的产品和服务暂无购买意向。这可能是由于大客户被竞争对手吸引，或者未得到企业的详细介绍，也有可能是因为该项目对大客户的重要性不高，其注意力分散至其他项目。

在这种情况下，除了将线索投入流量池等待二次孵化，B2B 企业也要主动出击，设置线索激励机制，以吸引大客户的注意力。企业要有所取舍，只选择最有可能再次产生购买意愿的大客户群体，了解其意见，以此为依据调整产品元素，如价格、交付方式等。

企业需要明确的是，调整并非创新，而是根据大客户提出的要求对现有产品进行二次包装，安排受过培训的销售人员在 1～2 个重点地区或市场逐步推广并监测成果，为后续项目的广泛开展提供依据。

综上所述，B2B 企业需要提升销售线索利用率，不放弃任何线索开发与二次孵化的机会，同时利用数字技术建立集成化平台，为大客户提供更高水平的产品和服务，增加成交可能性。

12.1.3 大客户的攻克缺乏过程管理

在攻克大客户的过程中，B2B 企业既要与同行激烈竞争，又要稳定内部组织，确保销售人员的工作效率。因此，做好过程管理就显得尤为重要。过程管理就是对内保持组织架构的稳定、透明，让销售人员放心大胆地"冲锋陷阵"；对外了解竞争对手，做到"知己知彼，百战不殆"。

事实上，内部动荡、混乱的 B2B 企业往往没有精力和时间了解竞争对手，因为处理内部矛盾、厘清责任就会浪费大量时间。保持组织架构稳定、透明是 B2B 企业打败竞争对手的关键，下面着重讲解企业如何做好内部的过程管理，主要有三个重点。

1. 明确项目全流程

B2B 企业需要将攻克大客户作为一个项目来推进，以项目流程为导向确定各部门任务。通常来说，一个项目从发现销售线索到完成交付共分为七个阶段，如图 12.2 所示。

| 建立联系 | → | 发现商机 | → | 确立购买
愿景 | → | 确认商机 | → | 开发解决
方案 | → | 完成交易 | → | 监控实施 |

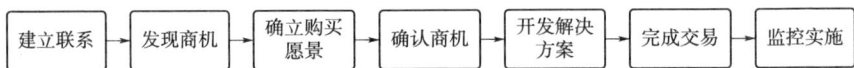

图 12.2 攻克大客户项目全流程

第一步：在深度理解客户市场、行业环境及客户需求后，与客户建立联系。

第二步：在信任的基础上与客户进行多次交互，与客户探讨需求，直到明确需求、发现商机。

第三步：通过专业的建议及初步方案的抛砖引玉，与客户共同确立购买愿景。

第四步：通过不同的材料及形式，向客户阐明专业能力，并再次确认客户的核心需求，明确商机。

第五步：与客户就其需求、痛点进行深度沟通，共同开发专业解决方案。

第六步：明确方案、报价与交付周期等细节，完成交易。

第七步：监控整个交付、实施的过程，确保过程及结果都能满足客户期望。

2. 项目分级

项目分为大项目和小项目，项目等级决定了企业投入的时间和资源。一般来说，项目等级以成交金额为划分依据，也可以结合市场影响力综合考量。分级之后，大项目走全流程，以和客户建立战略合作伙伴关系为最终目的；小项目走快速通道，以提高效率、迅速回款为最终目的。

3. 部门协同

攻克大客户需要企业多部门协同合作，实现资源最大化利用。因此，在项目推进过程中，各部门要摒弃偏见，打破壁垒，以高效率完成项目为目的携手共进。

部门间的协同能力需要 B2B 企业长期培养，人力资源部门需要关注各部门的工作能力与人际交往情况，及时发现问题，在矛盾激化前予以调解。企业领导层更要以身作则，带领员工营造积极沟通、合作共赢的工作氛围，提升员工的外部适应能力，为大客户攻克项目顺利开展奠定基础。

综上所述，B2B 企业需要从内部出发，保持稳定的组织架构和公开透明的工作流程，明确岗位责任与协同责任，使各部门"拧成一股绳"，确保企业在激烈的市场竞争中立于不败之地。

12.2　聚焦大客户生命周期打造经营模型

围绕大客户的精细化管理是近年来 B2B 行业的热点问题，B2B 企业需要在跟进客户的过程中做好分层工作，有针对性地提供产品和服务；在后续客户关系维护过程中做好监控与评估工作，及时调整产品和服务，与客户建立更紧密的联系。

12.2.1　基于战略的客户分层管理标准

对 B2B 企业来说，激烈的市场竞争使销售线索获取成本居高不下。互联网时代，B2B 企业获取销售线索的渠道越发丰富，客户类型也更加多元。在这种情况下，如何充分利用销售线索提升客户转化率，成为大多数 B2B 企业亟待解决的问题。

想要与客户建立长期战略合作伙伴关系，B2B 企业就要做好客户精细化运营工作，从源头做好客户分层，以对客户深入、可靠的了解为依据，为客户提供合适的产品与服务。B2B 企业做好客户分层管理可以遵循三个步骤。

1. 初步分层：基于客户基本属性与行为

初步分层是对客户的基本信息、对产品的表层需求以及与企业接触情况的具体了解。具体可分为四个维度。

（1）客户规模。一般来说，企业可以根据客户规模对其分层，如 0～20 人、20～50 人、50～500 人、500～1 000 人等。此外，企业也可以根据客户在市场中的影响力对其分层。

（2）客户需求。初步分层中的客户需求是以其是否使用过企业产品或同类产品为依据进行区分的。B2B企业可根据如图12.3所示的思维导图对客户需求进行分类。

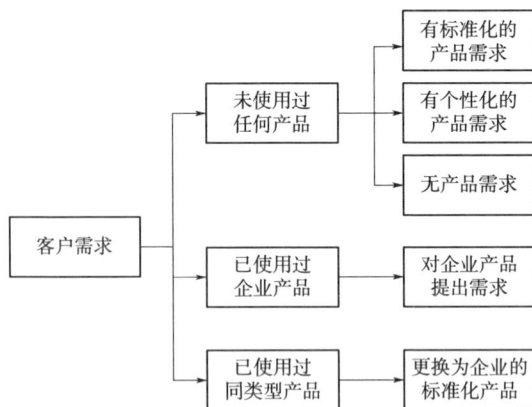

图 12.3　客户需求细分

（3）客户行为。这一维度聚焦客户与企业接触的行为，如下载企业年报、查看行业白皮书、参与线下活动、订阅并观看直播、咨询产品等。

（4）客户阶段。基于对客户类型、需求和行为的了解，企业可进行客户阶段细分。客户阶段细分可以以攻略客户的全流程为依据，如了解阶段、意向确认阶段、竞价阶段、决策阶段、冷却阶段、再商议阶段等；或者根据销售线索的孵化流程进行细分，如原始线索、市场判定有效线索（marketing qualified leads，MQL）、销售判定有效线索（sales qualified leads，SQL）、商机确认。

2. 进阶分层：基于客户资金水平和企业时间成本

进阶分层是在对客户有了基本了解的基础上，对客户能投入的资金与决策周期对客户进行细分。这决定了企业是否继续跟进客户，以及是否进行更深层次的需求挖掘。投入资金以年为单位，决策周期主要通过客户的核心决策人数与决策链层级进行综合考量。

3. 深入分层：基于产品使用爽点和痛点

深入分层主要针对已接触过同类产品的客户进行，了解其在使用产品的过程中认为产品值得延续的优势和需要改正的缺陷。以某软件开发企业为例，客户在使用该企业开发的系统后认为该系统流畅度高，具备丰富的管理工具，数据存储容量大，数据下载方便。这些就是企业需要延续的产品优势。同时，客户也认为该系统无法与其他数据库连接，不能自定义设置板块，不能匹配多个部门的工作流程。这些就是企业需要改正的缺陷。

经过三级分层，B2B 企业能够对客户有更加细致、深入的了解，并以此为依据优化产品和服务，为客户制定更加优质的服务方案。

12.2.2　大客户的动态监控与跟进评估

在维系客户关系的过程中，B2B 企业要做好客户动态监控与评估工作，及时调整客户画像，明确客户需求变化，从而与客户保持长期可靠的战略合作伙伴关系。具体来说，B2B 企业可以从三个层面做好客户动态监控与评估工作，如图 12.4 所示。

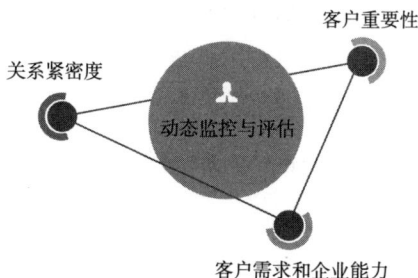

图 12.4　客户动态监控与评估

1. 客户重要性

客户的重要性并非一成不变，B2B 企业可根据四要素分析法，以三个月或六个月为周期进行定期评估，及时调整客户重要性及相关战略。

2. 关系紧密度

关系紧密度指企业与客户之间关系的发展情况，评估频率为一个月一次。这部分的评估主要从四个层面入手，分别是客户关系、企业关系资源、项目决策关系以及竞争者关系资源。

（1）客户关系。B2B 企业可以从客户视角出发开展客户关系评估工作。一是找出客户企业中权力较高且影响力较大的重要个体，即客户企业的权力中心，如 CEO、首席信息官（chief information officer，CIO）等。二是找出客户企业中对其重要个体有深远影响的个体，即客户企业的影响力中心。对这两类个体进行紧密度打分，针对分数较低的个体制订管理计划，以加强联系。

（2）企业关系资源。这一部分主要是 B2B 企业审视自身的核心关系维护能力。一方面，企业要从整体视角出发，评估与自己建立强、较强、较弱、弱联系的大客户数量及其增长趋势。另一方面，企业要从员工视角出发，考察销售人员对企业大客户资源的利用程度，这体现为某位员工（如销售部经理）与其他企业的总监、经理之间的强、弱联系。

（3）项目决策关系。这一部分主要是指客户企业中负责项目的批准、决策、评估等相关工作的相关人员之间的关系，以及他们对 B2B 企业的态度、与企业的关系紧密度等。对项目决策关系有清晰的了解，有助于 B2B 企业准确评估赢单概率并做好后续关系维护工作。

（4）竞争者关系资源。这一部分主要是指竞争对手的核心关系维护能力。其评估视角和展现形式与企业关系资源部分类似，其数据来源主要是各项目的打单流程。企业要在能力范围内尽可能细化竞争者关系资源，做到知己知彼。

通过以上四个方面的评估，B2B 企业能够明确自身与大客户之间的关系及进展，从而制订相应的计划，不断拉近与重点客户之间的关系，促成长期合作。

3. 客户需求和企业能力

一般来说，客户在三个月内、一年内以及三年内对产品、服务以及解决方案的需求会发生阶段性变化。企业需要及时明确客户需求变化，同时要评估自身是否具备满足客户需求的能力和资源以及差距有多大。评估频率为 1～3 个月一次。

综上所述，B2B 企业可以通过以上三个维度对大客户进行动态监控与评估，从而了解客户企业情况、需求等方面的变化，调整服务策略。

12.3 核心工具：智能 CRM 系统

对 B2B 企业而言，大客户价值较高，但销售周期长，需要企业付出很多时间和精力。而 CRM 系统的优势在于，能够自动执行重复性客户关系管理任务，减轻企业的管理负担，提高客户关系管理效率和效果。

CRM 系统是 B2B 企业管理中一个不可或缺的重要系统，下面将讲解 CRM 系统的作用及具体落地路径。

12.3.1 CRM 系统及其作用

CRM 系统集 IT 技术、软硬件及各类方案于一体，是企业维系客户关系的智能化集成系统。该系统以企业获取、跟进、维护客户的全部流程为核心，利用互联网、大数据等技术收集、分析客户数据，建立档案，对外协助企业明确客户需求，优化解决方案，提升客户黏性；对内复盘项目工作流程，帮助企业优化组织架构与业务流程，提升企业竞争力。

1. 获客阶段

首先，CRM 系统具备强大的在线搜索功能，可以通过社交媒体、表单等多种渠道搜索客户信息，从中锁定目标客户，让销售团队有针对性地寻找线索，发现潜在商机。

其次，CRM 系统能够整合 B2B 企业策划的各类营销活动，全面分析客户的参与情况，将成本投入、销售额产出、营销活动总 ROI、产出线索以及产出客户等数据清晰地呈现出来，以图表形式展现不同渠道的 ROI 排名和线索增长趋势。

再次，CRM 系统能生成多维度分析看板，通过对各市场渠道的线索量及其增长趋势、客户转化率以及流失原因等方面的综合分析，帮助企业优化资源配置，提升客户成交率。同时，CRM 系统内置专业知识库，营销人员能够及时记录、上传业务资讯和专业知识。在 CRM 集成平台上，营销人员能够打破信息孤岛，扩充知识储备，丰富工作经验。

然后，CRM 系统能够与社交媒体相连接，利用大数据技术挖掘和分析数据的能力了解客户与潜在客户的行为偏好、习惯，从而为其定制个性化的产品和服务，提升客户转化率与品牌曝光度。

最后，CRM 系统帮助企业维系重要客户，同时具备线索池、"公海"池等资源。销售团队可以通过这些数据分配销售线索，销售人员也可以根据自己的业务水平和工作负荷灵活选择线索。即使线索孵化工作失败，销售人员也可以将线索退回线索池中，避免线索流失。

2. 跟进阶段

首先，销售人员需要充分了解客户的背景，洞察客户需求。CRM 系统具备客户资源集中管理功能，能够调取客户的工商信息、拜访记录、成交记录等信息，销售人员可以据此了解客户情况，有针对性地制定跟进策略。

其次，如果销售人员需要跟进的客户较多，进度不一，那么他可以在CRM 系统中添加客户跟进计划，明确跟进对象、时间、内容以及状态，合理分配时间，确保不会遗漏。

最后，"公海"池功能在客户跟进阶段发挥着巨大的作用。对于暂无购买意向或不符合要求的客户，销售人员可将其放入"公海"池。"公海"池会对客户名称、编号、来源、状态、级别以及所属"公海"进行详细记录，方便销售人员再次提取线索和持续更新线索信息。

3. 维护阶段

维护阶段的主要工作是建立赢单后的商务流程以及进行售后管理。在赢单后，销售团队可以依托 CRM 系统建立商务流程，包括生成合同订单、制订回款计划、提交开票申请等。企业可以根据自身业务属性定制关键流程，确保商务流程清晰可查，进而顺利完成交易。

在售后管理方面，如果客户反映产品存在问题，销售团队可通过CRM 系统迅速发起退换货流程，及时给予客户反馈，同时在系统中记录退换货时间、金额、数量以及原因等信息，帮助研发及销售人员明确产品的潜在问题并及时改进。

此外，销售人员可以在 CRM 系统中填写详细的服务工单。对于需要企业派人到现场进行安装、测试等工作的客户，销售人员需要在工单中记录客户名称、联系方式、服务开始时间、服务时长以及派工信息。这既是工作留痕，也为企业进一步了解客户的需求变化提供数据来源。

CRM 系统是 B2B 企业的重要帮手。随着互联网技术不断发展，CRM 系统与人工智能、大数据等技术深度融合，助力企业搭建预测模型、洞察客户需求，推动企业始终走在市场前沿。

12.3.2　关键在于执行与落地

CRM 系统为 B2B 企业维系客户关系、实现长期盈利提供技术支撑。但想要真正发挥 CRM 系统的作用，企业需要聚焦核心业务与人员管理，让技术真正为人所用。

B2B 企业需要明确，CRM 系统是为了帮助企业实现营收目标而搭建的，其搭建、运营、维护都需要一定的成本。只有企业存在非 CRM 系统不可解决的业务问题，才需要搭建 CRM 系统。在落地 CRM 系统前，企业应当思考以下问题：

（1）当前的业务存在哪些问题？其中有哪些直接影响收入增长？

（2）哪些问题必须通过 CRM 系统解决？哪些问题不用？

（3）在已有类似系统的前提下，如何最大限度地降低新旧系统迁移的成本？

（4）旧系统未能解决的业务问题，如何通过新系统解决？

（5）怎样制定灰度策略，让各部门逐渐适应新系统？

（6）在使用新系统的过程中，各部门如何反馈遇到的问题？是否组建相关团队及时响应并优化系统？

在适应新系统的过程中，销售人员的注意力会被过多的功能模块和操作流程所分散，难以聚焦业务本身。因此，企业需要简化操作步骤，尽可能避免销售人员在不同模块间频繁切换，帮助他们快速适应新系统。

销售人员的操作可总结为三个动作，即搜索客户、分析客户和接触用户。

1. 搜索客户

在搜索阶段，对于不熟悉 CRM 系统的销售人员来说，多渠道搜索、筛选客户的难度较大、效率较低。新手可以利用单一渠道追踪销售线索和付费客户，再结合客户与销售人员的属性和特征进行匹配，进而生成任务。

这种模式将原先宽泛、目的性弱的搜索客户转变为精准、目的性强的分配客户。这就要求企业对销售人员的基本信息（年龄、住址、籍贯等）、工作能力、性格特征等属性有全面的了解，这是为其匹配客户的重要依据，在一定程度上决定了客户转化率与成交率。

2. 分析客户

在分析阶段，销售人员要以图表形式展现客户属性。因此，企业需要对销售人员进行一定的培训，保证其掌握基本的图表分析方法。

分析客户不能仅依靠系统，业务团队与销售团队的充分沟通也是不可或缺的。业务团队需要将业务逻辑转化成可执行的方案，作为"筛选项"放入任务列表。销售团队需要和业务团队一起对客户进行细分，并借助 CRM 系统为客户打上标签。细分客户的维度可以是性别、年龄、地域、购买频率、活跃程度等。

3. 接触客户

在接触阶段，除了主动接触客户，企业还需要关注客户发起的互动，做到及时响应，进而提升客户满意度，提高转化率与成交率。企业需要考虑客户在使用产品的过程中可能会遇到的问题，除了安排专业的人工售后服务团队外，企业也可以运用智能问答功能，将常见问题归纳总结，整理成自动回复的客服消息。

此外，在普及 CRM 系统的过程中，企业也要建立一定的激励机制。一方面，企业可以在系统中实时公开销售人员的工作结果，以提升团队士气。这需要企业领导层与销售部门明确激励原则，包括结算逻辑、公开时段和更新频率等。

另一方面，企业可以在 CRM 系统首页设置"公告板"，展示近期业务工作中所强调的关键原则、最新进展等重要信息，在规范销售人员的使用行为的同时实现信息共享，有助于业务顺利开展。

销售人员在收集客户信息、接触客户等环节的工作记录可以作为原始数据保存在 CRM 系统中，企业管理层可以结合客户的行为数据分析销售人员对系统的适应情况以及工作成效，从而优化系统迁移策略，确保新系统平稳落地。

第 13 章

流程化建设：以品牌营销为核心

在前面的章节中，详细介绍了 B2B 品牌营销的时代背景与运营策略，为 B2B 企业提供一定的"干货"。本章既是对 B2B 品牌营销全流程的梳理总结，也是对上文内容的回顾与补充。在阅读本章后，企业管理者能够更慎重、更准确地找到适合企业的品牌营销之路。

13.1 品牌营销有流程，营销效果有的放矢

一次成功的 B2B 品牌营销从明确的战略定位开始，到全面的复盘评估结束。本小节拆解 B2B 品牌营销全流程，讲解各环节中企业需要注意的问题，以保证营销效果。

13.1.1 战略定位明确

"明确"可拆分为"明白"和"确切"。在战略定位层面，"明白"即让客户知道企业销售的是什么。"确切"即因客户而异，为客户提供最合适的产品和服务。无论战略定位是什么，B2B 企业都要遵循三条原则，这样才能定位"明确"，让客户放心选择。

1. 一致性

一致性指的是品牌形象的一致性。品牌形象一致性体现在视觉、体验两个层面。在视觉层面，一致性主要体现在企业的产品包装、官方网站、宣传广告、PPT、海报等有形内容在字体、配色、图像等元素上和谐统一。

在体验层面，一致性主要体现在企业销售人员的话语、服务态度等无

形内容上。客户对企业的态度，很大程度上取决于员工对客户展现出来的外在形象和语言风格。因此，B2B 企业需要让员工明确企业的总体风格与未来发展方向，以此调整自己的面貌、言语与行动。

2. 高质量

所谓高质量，一方面指产品的高质量，另一方面指产品信息的高质量。在产品层面，优秀的营销手段都基于真实的产品和服务，企业需要持续提升产品质量，加大研发力度。在产品信息层面，优质、详细但不重复的产品说明必不可少，如果内容太少，也可以加入企业信息、合作机会等方面的内容，并且及时更新。

3. 灵活性

B 端客户量小，赢单周期长，客单价高。在营销过程中，员工需要花时间和客户建立紧密联系，因此企业通常采取点对点的人员营销模式。但 B 端客户具有复杂性，企业需要根据其规模和市场影响力灵活调整营销组合，将点对点的人员销售与整体性的市场营销相结合，充分利用营销资源。

综上所述，B2B 企业在明确战略定位的过程中，需要遵循一致性、高质量、灵活性的原则，寻找品牌差异化优势，提升客户信任感。

13.1.2 品牌策略选择

在确定品牌策略前，除了考量自身业务水平与资金情况外，B2B 企业还需考量三个问题。

1. 业务定位是否清晰

业务定位就是企业是做什么的。清晰的业务定位对 B2B 企业有着巨大的价值，决定了资源倾斜的方向，能够为企业未来的多元化发展奠定良好的基础。

在选择品牌策略前，企业要先做出取舍，挑选最重要的业务作为营销重点。例如，蓝月亮集团在进行品牌营销时，只大力推广洗衣液。从结果上来看，"蓝月亮洗衣液"成为家喻户晓的日化产品，从而拉动其他产品的销量增长。

如果重点业务较多，企业可将其归纳为几大板块。例如，康宁公司将旗下业务分为显示科技、环境科技等五大板块，同时着重强调其代表性产品"康宁大猩猩玻璃"。

2. 客户定位是否清晰

品牌策略应当与客户画像相匹配，让目标客户深刻感受到 B2B 企业就是为了满足他们的需求而存在的。清晰的客户定位有助于企业合理分配营销成本，同时为企业业务的升级与发展指明方向。

3. 竞争优势是什么

B2B 企业的品牌策略要能凸显"人无我有，人有我优"的独特优势。企业可以从资源、核心产品、服务流程等维度提炼竞争优势。如果竞争优势在于技术，那么企业就要严格把控技术指标，确保研发水平处于行业前列。如果竞争优势在于服务，那么企业就要严格要求服务团队，将客户的需求和期望放在首位，确保每项工作都能达到甚至超越客户的预期。

综上所述，无论企业选择什么品牌策略，都要确保其能清晰展现企业的业务定位、客户定位和竞争优势。这样的品牌策略更有效，能够为企业赢得更多市场机会。

13.1.3　组织资源配置

在品牌营销过程中，B2B 企业需要合理配置组织资源。企业的营销资源包括资金、客户资源以及人才资源。而在这三种资源中，企业能够把控并充分调动的是人才资源。企业可以组建一支优秀的营销团队，确保其中每位成员都能充分释放自己的能力，利用企业的客户资源促成项目。一般来说，B2B 营销团队由五类成员组成。

1. 市场营销人员

市场营销人员负责牵头并开展营销项目，汇总客户需求和市场数据。在市场营销会议上，营销主管确定呈现给客户的价值主张以及和客户沟通的一系列要求，制定初步的营销团队协同工作流程。在市场营销人员推进项目的过程中，市场营销主管需要及时跟进，向管理层汇报进度，协调市场营销人员的工作，为其提供解决问题的思路和方案。

2. 客户主管

客户主管负责管理营销人员、销售经理等人与客户之间的互动。具体工作包括但不限于组织营销人员与客户开会，协助营销主管制订营销策略与客户开发计划，以客户需求为导向协调团队成员与客户的沟通时间等。

3. 销售代表

销售代表需要辅助客户主管研究客户，定期与客户联系，规范并迭代与客户沟通的语言表述和文字格式，助力企业与客户之间建立紧密的关系，提升客户好感度。

4. 销售经理

销售经理要熟知自己团队每天的销售目标和客户信息，按约定时间联系、拜访客户，确保项目顺利推进。拜访客户后，销售经理要将拜访信息和项目推进情况录入 CRM 系统，撰写工作报告并搜集潜在客户资料，做好后续跟踪联系、拜访前的准备工作。

5. 产品管理人员

产品管理人员负责辅助营销团队，为其提供详细的产品使用手册或产品路线图，根据营销人员反馈了解客户对产品的具体需求，如是否需要定制产品，并提供相应的解决方案。

企业需要先组建一支优秀的营销团队，再根据业务需求和团队成员的工作能力为其分配客户资源，从而顺利开展营销工作。

13.1.4 协同职责划分

在品牌营销过程中，市场部和销售部是最重要、最活跃的两个部门。二者协同能够为企业品牌营销贡献巨大的力量。然而现实情况是，两个部门沟通不畅、协作不力甚至割裂的现象时有发生。

想要解决这个问题，B2B 企业需要建立营销协同机制，划分两个部门的协同职责，加深它们之间的联系，促进合作。B2B 企业可以从三个方面入手。

1. 统一的线索评估标准

市场部和销售部要共同制定统一的线索评估标准，明确什么样的线索才是合格的。具体到操作层面，市场部需要将获取的线索交由 SDR 团队过滤并打分，再转交给销售部。两部门需要共同绘制客户画像，明确客户所处细分领域、规模、产品需求以及业务痛点等。此外，两部门管理层需要对线索进一步打分，确定线索成熟度和跟进优先级，以便对线索质量有统一、明确的判断。

2. 清晰、可追溯的营销 ROI

市场部需要全程跟踪销售线索，明确销售线索的来源、转化进度、转化效果、转化成功或失败的原因，并及时调整线索获取策略。销售部拿到线索后，就要记录其培育流程和相关责任，及时与提供线索的市场部人员沟通，反馈线索转化情况。

3. 互相了解业务

市场部和销售部需要多了解对方部门的业务，了解对方的立场，这样能避免很多误会。市场部需要了解销售部从初次联系客户到达成交易的实际流程，了解其在各环节的侧重点，明确销售物料的应用场景。销售部需要了解市场部是如何策划营销活动的，进而了解其获客逻辑，结合自身与客户实际接触的经验，帮助市场部优化营销工作。

综上所述，B2B 企业需要制定统一、完善的标准，划分市场部与营销部的协同职责，促进两部门密切沟通，加深对彼此的了解，从而更好地合作，助力企业营收增长。

13.1.5 营销方案执行

在营销方案执行过程中，客户的态度可能会发生变化，如失去耐心、提出新要求等。这时，营销人员需要保持平和的态度，不能被客户的情绪干扰。具体来说，营销人员需要秉持三个观念。

1. 变被动为主动，重视每位客户

首先，无论订单大小，营销人员对客户应做到一视同仁，即重视每位客户，不轻视小订单。

其次，联系客户要变被动为主动，营销人员不要等客户询问、催促，而应主动向客户汇报项目进展，表现出对客户的重视。营销人员要在营销

过程中掌握主动权，与客户建立紧密的关系，争取把客户变成朋友。

2. 换位思考，赢得客户信任

在营销过程中，很多营销人员一味地陈述产品的优势，只站在自己的角度考虑问题，而忽略了客户的想法和需求。营销人员应学会将心比心、换位思考，站在客户的立场上思考问题，从而与客户建立情感连接，引起客户共鸣，赢得客户信任。

3. 以良好的心态面对客户

营销本质上是在传递信心和信念，而乐观的销售方式能够助力营销人员更容易接近和打动客户。因此，营销人员要用积极的情绪、良好的心态对待客户，拉近彼此之间的距离，让客户敞开心扉，更愿意与自己交流、合作。

在推进营销方案的过程中，营销人员需要兼顾很多方面，例如，对内做好营销团队的沟通协调，撰写工作报告；对外与客户积极沟通，争取合作圆满成功。只有保持积极、稳定的心态，营销人员才能从容地应对各项工作，推动营销方案平稳落地。

13.1.6　品牌营销评估

在营销方案执行工作结束后，企业需要及时复盘，并评估营销效果。在复盘与评估时，企业可从三个问题切入。

1. 本次营销活动是否为销售部带来更多销售线索

一次成功的品牌营销活动可以吸引更多潜在客户对 B2B 企业产生兴趣，进而咨询问题或反馈需求。新媒体时代，B2B 客户的真实需求往往隐藏在各类互联网平台中。因此，企业需要通过社会化客户关系管理（social customer relationship management，SCRM）系统，收集营销活动完成后互联网平台上关于企业的讨论和疑问，从中挖掘销售线索。

2. 本次营销活动是否提升了品牌美誉度

品牌美誉度是 B2B 企业实现长足发展的重要支撑。在营销活动结束后，企业需要总结制定了哪些方案、优化了哪些流程、迭代了哪些拳头产品、为客户解决了什么问题、为社会作出了哪些贡献等。企业需要根据专业数据，了解目标市场的核心客户群体对品牌、行业的认知度，从而优化营销策略。

3. 本次营销活动能否丰富品牌故事

关于品牌故事，B2B企业需要向B2C企业学习，尽可能讲述和客户、经销商以及一线员工有关的内容。这样的故事会比项目专案更有温度，也更能引起大众的共鸣。企业需要复盘本次营销活动中与客户接触的细节，以客户体验为核心丰富品牌故事，提升企业在客户心中的好感度。

营销效果评估是品牌营销的最后一个环节。B2B企业应当重视复盘工作，通过评估营销活动的效果，总结值得延续和有待改进的内容，优化品牌营销策略。

13.2　品牌公关有流程，实现品牌舆情维护

互联网时代，信息爆炸式增长，谣言飞速传播。对此，B2B企业需要更加重视品牌公关工作，以及时处理舆情，维护品牌形象和声誉，避免遭受损失。本小节从战略意识、打造内容和把握时机三个方面出发，讲解B2B企业的品牌公关流程以及危机公关中的重要节点，帮助企业实现品牌舆情维护。

13.2.1　战略意识

B2B企业的创始人大多是研发人员出身，他们以产品研发为导向思考企业发展方向，认为"好产品带来好品牌"。在这种意识的影响下，B2B企业的品牌公关建设被边缘化。因此，想要做好品牌公关，B2B企业就需要转变意识，将品牌公关工作纳入企业整体战略。对此，企业需要关注以下三个方面：

1. 品牌公关，从经营领导者"人设"开始

B2B企业想要做好品牌公关，不妨先经营好领导者的"人设"。大多

数 B2B 企业的领导者都是研发人员出身，他们的个人背景、创业初心、成功或失败的经历都是宝贵的素材，能够形成一系列的故事，助力领导者打造"拼搏""励志""专业"等形象。如果领导者在某领域拥有相关专利或较高的地位，企业更要利用好领导者自带的"光环"，并进行适度放大。

2. 把资源用在"刀刃"上

展会和沙龙是 B2B 企业扩展人际关系、经营客户关系的重要渠道。在参加展会和沙龙前，企业需要做好准备工作，这样才能在有限的时间里，最大限度地扩大交往圈子。

具体来说，B2B 企业需要做好市场调研，了解展会面向的行业、邀请的嘉宾以及参会的其他企业。在确定参加后，企业再开始准备各种营销物料。知己知彼，有所为有所不为，才能确保 B2B 企业把有限的资源用在"刀刃"上。

3. 成功的公关活动都是策划出来的

品牌公关是品牌营销的一部分，而营销离不开策划。B2B 企业可以按照事前、事中以及事后的流程，制订执行计划表，见表 13.1。

表 13.1 公关活动执行计划表

事　　前	事　　中	事　　后
场地选择、设计	现场素材收集	各大媒介发布
活动预热文本（帖子、新闻稿等）	重要人物接待、签名、合影	视频制作
物料设计、制作	客户接待	客户信息汇总、分配
礼品制作	商务信息（名片）收集	重要客户回访
嘉宾邀请	礼品发放	产品销售跟进
表述统一	现场直播	活动复盘、总结

一次成功的公关活动离不开体力与脑力的结合。在策划公关活动时，B2B 企业要事无巨细，明确活动全流程、各环节，这样才能确保公关方案精准执行与平稳落地。

综上所述，B2B 企业想要做好品牌公关，需要先培养战略意识，重视公关活动策划与执行，最大化利用企业资源，与更多客户建立联系。

13.2.2 打造内容

B2B企业公关内容的技术性强，客户可能感到晦涩难懂。那么B2B企业应如何在保证专业性的同时，让公关内容更加贴近客户，赢得客户信任呢？对此，B2B企业可以从以下三个方面入手：

1. 打造概念

打造概念也就是贴标签。标签要精练，既要顺应行业发展趋势，又要让客户看到企业的优势以及选择企业能够获得什么好处。

金蝶为其财务管理系统"金蝶云"打造的标签是"人人财务"，强调财务人员不会因人工智能崛起而被取代，其重要性将愈发凸显。金蝶云利用大数据、云计算、人工智能等先进技术，推动财务数字化转型，让每个人都能掌握自己的财务信息，帮助财务人员预判风险，实现成长。

2. 讲好案例

真实、成功的项目案例是最有效的公关内容。但若要案例更有说服力，让客户感同身受，应做到以下三点：

（1）从客户视角出发，以客户为主体，B2B企业的技术、解决方案是"配角"。这样放低姿态，反而更能体现企业产品的价值。

（2）故事化，不要像汇报工作一样讲案例，一个引人入胜的故事要有细节、矛盾支撑其生动性，有数据支撑其真实性。

（3）多样化，即采取文字、图片、漫画、短视频等形式讲述案例。B2B企业可以学习B2C企业的经验，抓住大众碎片化的时间，抢夺其注意力。

3. 大量扩散

即便案例很精彩，无人知晓，也就没有意义。B2B企业要在自己的能力范围内打通更多渠道，如员工、客户、媒体、意见领袖、研究机构等，传播企业故事，为企业代言。

综上所述，B2B企业的公关工作需要从内容和渠道两方面入手，内容上虚实结合，既要"造概念"又要"讲真事"。渠道上尽己所能，利用不同人群和机构，让企业价值为更多人所知。

13.2.3　把握时机

把握公关时机很重要，选好时机，再结合好的概念和案例，B2B 企业能够获得"1+1＞2"的传播效果；时机不当，轻则传播效果较差，重则陷入舆论风暴。在选择时机时，B2B 企业要考虑四个方面，如图 13.1 所示。

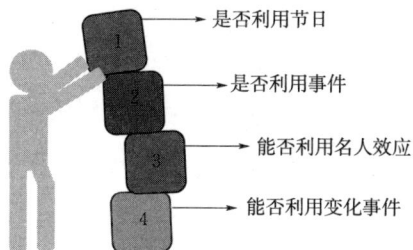

图 13.1　企业选择公关时机的考量因素

1. 是否利用节日

是否利用节日开展公关活动，主要根据节日的性质以及 B2B 企业品牌的特点来决定。如果公关活动与节日有联系，就可以利用节日开展公关活动，加强宣传效果。反之则要避开节日，不然公关活动的关注度就会被节日抢夺。

2. 是否利用事件

事件主要是指国内外的重大事件，如世界杯、奥运会等。与是否利用节日的逻辑基本相同，都是根据品牌特色和事件的性质来决定。如果公关活动与事件存在关联，并且能够产生积极的影响，就可以利用事件。反之则尽量避开事件，以免适得其反。

3. 能否利用名人效应

名人可以分为两类：一类是明星，另一类是业内的权威人士。如果企业有足够的资金邀请名人成为品牌代言人或者为品牌做宣传，就可以利用名人效应，借助他们的名气进行公关活动。

4. 能否利用变化事件

变化事件包括各种各样的内容，如刚出台的政策、消费时尚变化、季节变化、企业内部的重要变化等，这些都为企业进行公关活动提供了契机。对于这些变化，企业要学会审时度势，灵活调整公关策略，更好地完成公关活动。

综上所述，B2B企业需要慎重选择公关活动的时间，在保证公关效果的基础上规避舆论风险，提升品牌知名度和美誉度。

13.2.4　危机公关的三大流程节点

B2B客户比B2C客户更严苛，这就要求B2B企业在应对危机公关时必须保持高度的专业性，否则会失去客户信任，动摇企业的行业地位。在进行危机公关时，B2B企业需要把握三大流程节点，如图13.2所示。

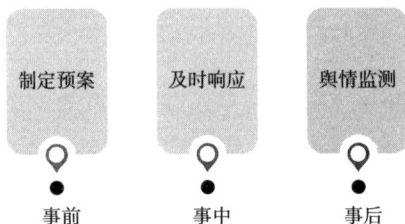

图13.2　危机公关的三大流程节点

1. 事前：制定预案

在危机来临之前，B2B企业需要梳理好相关内容，制定危机公关预案，以便从容不迫地应对，要做好三个方面的工作。

（1）预想问题和答案。公关团队要提前设想所有可能出现的问题，并准备最佳答案，以便在媒体提问时从容应对。

（2）长期与媒体保持良好的沟通。B2B企业需要与媒体保持长期的联系，赢得媒体的信任，使其在出现公关危机时能够为企业预警，在出现争议时做出对企业有利的评价。

（3）培训发言人。B2B企业的官方发言人要知道什么话能说、什么话不能说、以怎样的面貌和态度回答问题。这就要求企业对发言人进行培训，确保其能够代表企业应对外界质询。

2. 事中：及时响应

面对危机事件，如果企业反应慢，就会遭到舆论攻击。为了防止负面信息不断扩散，企业应第一时间表明立场。另外，与冰冷的声明相比，走心的道歉更有效。而要想做到走心，措辞要真诚，让客户的不良情绪得到纾解，进而保护品牌形象不受损害或者把损害降到最低。

3. 事后：舆情监测

在成功应对危机公关后，B2B 企业需要吸取教训，利用舆情监测系统实时监测舆情，以及时采取措施。舆情监测系统依托于大数据、机器学习等技术，可以帮助企业收集负面评价，及时启动危机跟踪和报警机制。企业需要合理利用舆情监测系统，在危机爆发前找到源头和关键节点，迅速处理，进而保护企业和产品的声誉。

综上所述，危机公关虽然棘手，但并非无解。B2B 企业需要做好舆情监测，制定危机应对预案，以便在危机到来时从容应对，维护自身形象。